中华现代学术名著丛书

U0785642

《中华现代学术名著丛书》

【第一辑　四十种】

马氏文通	马建忠
国故论衡	章太炎
王国维文学论著三种	王国维
吴梅词曲论著四种	吴　梅
中国中古文学史 汉魏六朝专家文研究	刘师培
中国文学批评史（上、下）	郭绍虞
甲骨文字释林	于省吾
中国俗文学史	郑振铎
汉语语音史	王　力
红楼梦辨	俞平伯
中国韵文史	龙榆生
汉魏六朝诗论丛	余冠英
台湾通史（上、下）	连　横
秦汉史	吕思勉
中国史学史	金毓黻
史学要论	李守常
中国通史简编（上、下）	范文澜
国史大纲（上、下）	钱　穆
中国史纲（一、二卷）	翦伯赞
春秋史	童书业
魏晋南北朝史论丛	唐长孺
明清社会经济史论文集	傅衣凌
西夏史稿	吴天墀
中国伦理学史（外一种）	蔡元培
新唯识论	熊十力
东西文化及其哲学	梁漱溟
科学与玄学	罗志希
中国艺术精神	徐复观
论逻辑经验主义	洪　谦
九朝律考	程树德
比较宪法	王世杰　钱端升
中国法律与中国社会	瞿同祖
中国民治论	鲍明钤
中国官僚政治研究	王亚南
通货新论	马寅初
中国经济思想史	唐庆增

中华现代学术名著丛书

中国历史上的基本经济区

冀朝鼎 著

朱诗鳌 译

商务印书馆
创于1897 The Commercial Press

2014年·北京

图书在版编目(CIP)数据

中国历史上的基本经济区/冀朝鼎著;朱诗鳌译. —
北京:商务印书馆,2014
(中华现代学术名著丛书)
ISBN 978-7-100-10614-6

Ⅰ.①中… Ⅱ.①冀…②朱… Ⅲ.①经济区—经
济史—中国—古代②水利经济—经济史—中国—古代
Ⅳ.①F129.2②F426.9

中国版本图书馆 CIP 数据核字(2014)第 154761 号

本书根据中国社会科学出版社 1998 年版排印

中华现代学术名著丛书
中国历史上的基本经济区
冀朝鼎 著
朱诗鳌 译

商 务 印 书 馆 出 版
(北京王府井大街36号 邮政编码 100710)
商 务 印 书 馆 发 行
北京瑞古冠中印刷厂印刷
ISBN 978-7-100-10614-6

2014 年 9 月第 1 版　开本 880×1240 1/32
2014 年 9 月北京第 1 次印刷　印张 5½
定价: 20.00 元

冀朝鼎

(1903—1963)

KEY ECONOMIC AREAS IN CHINESE HISTORY

AS REVEALED IN THE DEVELOPMENT OF PUBLIC WORKS FOR WATER-CONTROL

BY

CH'AO-TING CHI, PH.D.

Issued under the auspices of the American Council Institute of Pacific Relations

LONDON
GEORGE ALLEN & UNWIN LTD
MUSEUM STREET

《中国历史上的基本经济区》1936 年版封面

出版说明

百年前，张之洞尝劝学曰："世运之明晦，人才之盛衰，其表在政，其里在学。"是时，国势颓危，列强环伺，传统频遭质疑，西学新知亟亟而入。一时间，中西学并立，文史哲分家，经济、政治、社会等新学科勃兴，令国人乱花迷眼。然而，淆乱之中，自有元气淋漓之象。中华现代学术之转型正是完成于这一混沌时期，于切磋琢磨、交锋碰撞中不断前行，涌现了一大批学术名家与经典之作。而学术与思想之新变，亦带动了社会各领域的全面转型，为中华复兴奠定了坚实基础。

时至今日，中华现代学术已走过百余年，其间百家林立、论辩蜂起，沉浮消长瞬息万变，情势之复杂自不待言。温故而知新，述往事而思来者。"中华现代学术名著丛书"之编纂，其意正在于此，冀辨章学术，考镜源流，收纳各学科学派名家名作，以展现中华传统文化之新变，探求中华现代学术之根基。

"中华现代学术名著丛书"收录上自晚清下至20世纪80年代末中国大陆及港澳台地区、海外华人学者的原创学术名著（包括外文著作），以人文社会科学为主体兼及其他，涵盖文学、历史、哲学、政治、经济、法律和社会学等众多学科。

出版“中华现代学术名著丛书”，为本馆一大夙愿。自1897年始创起，本馆以“昌明教育，开启民智”为己任，有幸首刊了中华现代学术史上诸多开山之著、扛鼎之作；于中华现代学术之建立与变迁而言，既为参与者，也是见证者。作为对前人出版成绩与文化理念的承续，本馆倾力谋划，经学界通人擘画，并得国家出版基金支持，终以此丛书呈现于读者面前。唯望无论多少年，皆能傲立于书架，并希冀其能与“汉译世界学术名著丛书”共相辉映。如此宏愿，难免汲深绠短之忧，诚盼专家学者和广大读者共襄助之。

商务印书馆编辑部

2010年12月

凡　　例

一、“中华现代学术名著丛书”收录晚清以迄20世纪80年代末，为中华学人所著，成就斐然、泽被学林之学术著作。入选著作以名著为主，酌量选录名篇合集。

二、入选著作内容、编次一仍其旧，唯各书卷首冠以作者照片、手迹等。卷末附作者学术年表和题解文章，诚邀专家学者撰写而成，意在介绍作者学术成就，著作成书背景、学术价值及版本流变等情况。

三、入选著作率以原刊或作者修订、校阅本为底本，参校他本，正其讹误。前人引书，时有省略更改，倘不失原意，则不以原书文字改动引文；如确需校改，则出脚注说明版本依据，以“编者注”或“校者注”形式说明。

四、作者自有其文字风格，各时代均有其语言习惯，故不按现行用法、写法及表现手法改动原文；原书专名（人名、地名、术语）及译名与今不统一者，亦不作改动。如确系作者笔误、排印舛误、数据计算与外文拼写错误等，则予径改。

五、原书为直（横）排繁体者，除个别特殊情况，均改作横排简体。其中原书无标点或仅有简单断句者，一律改为新式标点，专名号从略。

六、除特殊情况外，原书篇后注移作脚注，双行夹注改为单行夹注。文献著录则从其原貌，稍加统一。

七、原书因年代久远而字迹模糊或纸页残缺者，据所缺字数用“□”表示；字数难以确定者，则用“（下缺）”表示。

谨以挚爱、崇敬与感激之情

献　给

海　丽

目　　录

图 表 目 次

中国历史上各个时期基本经济区位置图

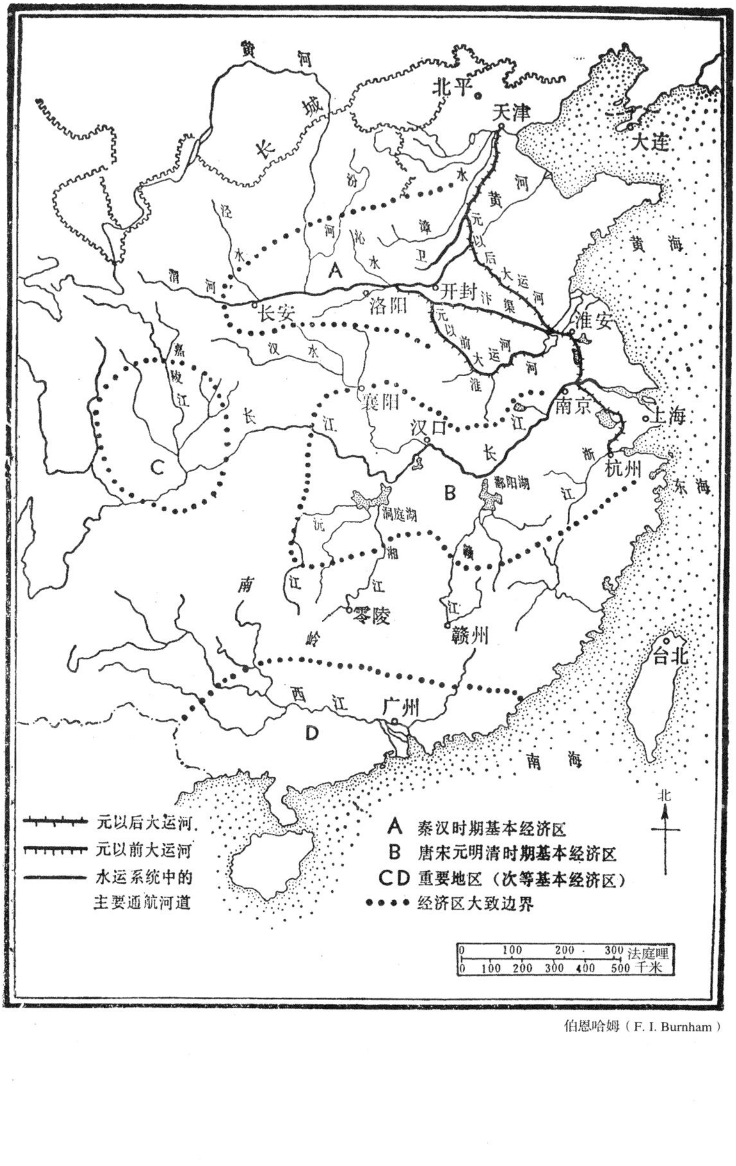

伯恩哈姆（F. I. Burnham）

原　　序

本书提出了基本经济区这样一个重要的概念，这对了解中国经济史是大有裨益的。通过对灌溉与防洪工程以及运渠建设的历史研究，去探求基本经济区的发展，就能看出基本经济区作为控制附属地区的一种工具和作为政治斗争的一种武器所起到的作用，就能阐明基本经济区是如何转移的，就能揭示基本经济区同中国历史上统一与分裂问题的重要关系，因而也就在这一研究的基础上，对中国经济发展史中的一个方面，给予了一种具体的同时又具有历史表述的分析。总的说来，本书的宗旨并不是对中国历史赋予新的解释。然而，如果基本经济区的概念，被证明有助于解决中国历史中基本问题之一的话，那它就不会不对中国历史发展全过程的理解与阐释产生影响。为了把这一理论摆在恰当的地位并阐明其可能的引申与进一步的应用，也许讲清楚作者对中国历史经济研究的一般想法会更好些。

人类撰写自己的历史，不只是在借用历史留传给它的各种条件下进行的，而且还要对过去的历史加以再写。这是因为历史本身是历史的，各个时代只能按照它自己的经验去理解，也只对它自己有用。新的经验会导致新的历史见识，而根据新的见解，又可以阐述新的问题，可以重新审查新老论据，可以从大量似乎无用的资料中挑选出颇有意义的事实来。因此，历史必须不断地加以再写，才能满足各个特定时代中人们的需要。再写历史是人类为驾驭历史力量所作努力的一部分，而在历史过程的每一转折点，这一任务都变得特别迫切。

自从十九世纪中叶“中国开放”以来，不仅在中国的知识界，而且在整个世界的知识界，就隐隐约约地提出了再写中国历史的问题。由于资本家的国外贸易与投资——通过它在世界市场的剥削——便产生了一种相互依赖的世界经济，不同民族参差不齐发展的社会经济结构，便投进了世界历史的动荡潮流。中国的历史，不再只是一个国家的历史，也汇入了世界历史的洪流。“西方的”各种制度，已经严重地侵入了中国的生活；而中国的生活也成了“西方”生活中的一个重要因素。这种状况的深远后果，就集中地体现在 1925 年至 1927 年的大革命和它后来的发展，从而在若干世纪以来第一次引人注目地提出了中国社会的一些最根本的重大问题。

经济史或者说辩证经济学，确认这样一个事实，即中国今天的根本问题，不能只靠研究当代的情况来了解，还必须历史地去进行探索，也就是还要试图解决那些由于我们时代所需要而提出的中国历史的基本问题，发现那些左右中国经济发展的主要趋势。

然而，综合与分析是同一过程的两个方面，而且不能机械地分开。综合表征着合成或组合，而分析则意味着细分或分割。但是，由于两者都排斥混乱与任意的行为，因而就很清楚：如果不是在最初就分成了细目，并且理解了各部分的含义，组合就是不可能的；同样，如果不是在最初就有了关于部分是如何组合在一起的观念，分割也是不可能的。应用这一原理于历史著作，就意味着，综合是对于从分析研究特殊问题所获得的一些主要观念进行的系统的合成;而分析,如果没有一个总的想法作指引,要钻通枯燥乏味的资料迷宫,也不可能有成效。这两个概念之间的明显矛盾,实际上是它们的辩证关系的一种反应;两者都代表同一科学考察过程的不可缺少的方面。一本书,可以是以综合为主的著作,也可以是以分析为主的著作,但一项科学考察,只有当明言地或不言而喻地确认了这两个概念之间的密切联系之后,才会有成果。

虽然作者研究经济史的最终目的是综合,但是,本书基本上还是一部分析的著作。本书试图通过对隐藏于地方志、中文"水利"专著以及正史中大量未被接触过的原始资料的分析研究,去探索中国历史上灌溉与防洪的发展。作者研究的总方向,自然决定于他的预想以及总的探索方法,而特别是决定于他对中国历史上灌溉与水道运输的重要性的领会。然而,这只有在华盛顿国会图书馆中周密地查阅了大部分有用的资料之后,关于治水对于中国历史的重要性的信念才得以肯定下来,同时,关于基本经济区及其同中国历史上统一与分裂的关系的概念,也才在作者的心目中得以发展。本书(除了某些无关紧要的改动之外,按照实际情况来说,写成于1934年4月)表述了作者对以下几方面所作的初步努力,即:定义基本经济区的概念,研究中国的水利与经济区划的地理基础,以及简要地探索中国历史上基本经济区的转移等方面的问题。

对水利史的原始资料进行分析研究的结果,就产生了一种新的概念,这种概念转而又可用来规定水利事业发展的进程。然而,一种概念就像一盏灯——一经点燃,就不会只照亮房间的一角,基本经济区的概念也必然会将其光辉投射到中国历史的每一个基本问题上。这一概念着重强调中国经济的局部性和地区性。秦始皇帝(公元前221—前210年)成功地消除了战国时期各国间的封建障碍,但是,他建成的统一是一个松散的统一。它不像现代国家那样是用经济纽带联结成的整体,而是通过控制基本经济区的办法,用军事与官僚的统治组合而成的国家。这样的统一是不能持久的,而且当基本经济区的优越地位一旦受到挑战,统治势力就会失去其立足之地与供应来源。于是,分裂与混乱的现象就将发生,这一现象一直要延续到一个新的政权在一个基本经济区中固定下来,并成功地利用这一基本经济区作为重建统一的武器时为止,这就是古典的中国格言"合久必分,分久必合"中包含的道理。这是一个铁的法则,这一铁的法则准确地描述了从第一个皇帝起到上世纪中国孤立状态被打破为止时中国历史上半封建时期①中的一个基本运动。

基本经济区的存在,导致了土地制度与赋税方法的地理上的差异,同时,还加强了不同地区走向不平衡发展的自然趋势。基本经济区的存在,还影响到了商业资本的分布,并为其发展创造了各种不同的条件。土地制度、赋税与商业及高利贷资本发展程度的差异,意味着社会特性与各种地方统治集团的权力的差异,意味着剥削程度的差异,还意味着占人口绝大多数的农民的生活与劳动状况的差异。而这些差异,却从来没有改变过存在于中国广阔领土上的实质上是同一类型的社会结构。但是,这些差异对阶级斗争各个方面发展的影响,特别是对农民战争的影响,实质上是极其重要的。此外,基本经济区的理论虽然不说明大地主领地长久不变的状况,不说明商人资本的增长及妨碍它发展的阻力,不说明官

① 作者在本书中所说的"半封建时期",相当于我们现在所指的"封建时期";而"古典封建时期",相当于"奴隶社会时期"。——译者

僚、地主、商人同农民之间的对立，以及内部经济周期性的衰退与崩溃——总而言之，虽然这一理论不说明阶级斗争，但是，它却揭示了形成这一斗争发展过程的一个重要影响因素。

现在，让我们来考虑一下基本经济区对农民战争的影响。由于农民战争一向是中国社会危机达到顶点与最尖锐时的表现，所以，就值得将它作为中国历史的基石来加以研究。当一个社会经济周期（它通常与朝代的时期一致）临近终结时，当对农民的压榨加剧同时生产下降时，当骄奢与腐化削弱了统治政权时，以及当破产面临政府而饥饿降临于穷苦大众时，农民往往就要走上造反的道路，抗拒交纳地租、赋税与偿还债务，袭击富人并没收其财产，以及夺取政权与行政中心。这一类运动通常是从各个地区一系列的武装反抗开始。由于国家的地方自给自足经济的缘故，要巩固这种分散的农民力量是困难的，要迅速结束任何一场这类斗争也几乎是不可能的。在旷日持久的斗争过程中，地区的地理与经济条件，会限制某些集团的成长，而促进另一些集团的发展。这种斗争，既是一个反对政府的过程，也是一个在一些敌对集团间困苦的淘汰过程。通常，在地理与经济利益上得到了最大好处并获得了有力的领导地位的集团，就将作为局势的主人在斗争中显露出来。在这里，地理位置的重要性，与其说是从军事战略的观点来考虑的，还不如说是从经济的观点来考虑的。当具体地研究农民战争历史这个问题时（作者计划这样做），将可看出，基本经济区的理论，有助于理解很多迄今为止尚未得以解释的或受到误解了的事件。

因此，尽管地区关系问题事实上不是中国历史上的中心问题，而且基本经济区的概念也不能是解释中国整个历史的主导观念，但是，领会如下一点是重要的，即：在地区自然经济条件下，这一理论有着特殊的意义，它大大地促进了我们对中国历史全过程的理解，并且为研究帝国主义入侵的后果和研究当代中国的问题提供了背景。为了领悟这一观点的完整含意，还必须先写出许多应用这一理论的专题论文与专著，仅仅在水利史的问题方面，作者就搜集了大量的资料，这些资料比起作者现在加以利用过的资料要多得多。现在这本书只能看成是一个开端。它的主要概念仍然有待于检定，有待于与中国历史中的其他主要倾向性问题联系起来，也还必须努力解决在上两段中曾扼要谈到了的与基本经济区相关联的各种问题。在这些可能性的基础上，作者正在拟定新的研究计划。如果情况允许，作者希望在中国丰富的历史文献中（其中大部分还没有被科学地鉴定过），能产生其他有裨益的观念，这些观念，很可能能证实、加强或修订这个基本经济区的概念。

作者愿向华盛顿国会图书馆全体工作人员，特别是东方部主任 A. W. 赫梅尔[①]（Hummel）博士以及他的助手 B. A. 克莱特（Claytor）先生、坂西志保博士和韩寿萱先生等表示诚挚的谢意，他们使作者得以利用馆内浩瀚的藏书，实际上还为作者提供了查阅资料的方便条件。作者还深深感激 V. G. 西姆柯维奇（Simkhovitch）、J. E. 奥查德（Orchard）和古德里奇（Goodrich）三位教授，他们对本书有着浓厚的兴趣并评阅了全部原稿。作者还要感谢 K. A. 威特福格尔（Wittfogel）博士，他在中国经济与社会历史方面，曾经作出了富有启发性的成果，他的贡献，证明了他对于这一领域中的许多其

① 1927—1954 年在美国国会图书馆工作。另有中文名恒慕义，为恒安石的父亲。——译者

他工作者具有重要的指导地位；承威特福格尔博士盛情阅读了全部原稿，并提出了许多有价值的建议。作者还应感谢朋友罗斯·马克斯·科（Rose Marcus Coe）夫人阅读了原稿的校样和弗兰克·弗吉尼亚·科（Frank Virginia Coe）先生阅读了原稿，而且他们对校样与原稿都提出了有价值的批评。作者受到《太平洋事务》（*Pacific Affairs*）编辑欧文·拉铁摩尔（Owen Lattimore）先生的帮助简直无法报答。拉铁摩尔先生不辞劳苦地审查了全部原稿，提出了无数重要的和详尽的编辑加工方面的建议，并且盛情地推荐本书出版。作者也要感谢太平洋关系学会美国委员会（American Council of the Institute of Pacific Relations），本书是在它的秘书 F. V. 菲尔德（Field）先生和其他工作人员的帮助下才有可能出版。如果没有作者妻子的关心与鼓励，本书就无法写成，对此，作者感谢不尽，并将此书献给她。

冀朝鼎

1935年2月于

纽约，布鲁克林（Brooklyn）

第一章　基本经济区的概念及其与水利事业的关系[①]

一　概述

清朝著名的尚书慕天颜[②]在1871年写给皇帝的一则奏章中曾经指出："兴水利，而后有农功；有农功，而后裕国。"[③]这段话简明地说明了在水利事业、农业生产与国家财政之间存在着密切联系。这样一类接连在若干世纪中都有记载的土木工程史，对于研究中国历史上统一与分裂的经济基础问题，是无比可贵的资料。

发展水利事业或者说建设水利工程，在中国，实质上是国家的一种职能，其目的在于增加农业产量以及为运输，特别是为漕运创造便利条件。诸如灌溉渠道、陂塘、排水与防洪工程以及人工水道

---

① 这一章的要点曾在1934年4月4日于费拉德尔菲亚（Philadelphia，俗称费城。——译者）举行的美国东方学会第146次会议远东部（The Far Eastern Section of the one hundred and forty-sixth meeting of the American Oriental Society）提出过，并以"中国历史上统一与分裂的经济基础"为题，在1934年12月《太平洋事务》（*Pacific Affairs*）杂志第7卷第4期上发表。

② 慕天颜，清朝甘肃静宁人，曾于康熙年间任江宁、湖北巡抚及漕运总督，在兴办水利事业方面有一定成绩。——译者

③ 《苏州府志》第11卷，第3—4页。

等,多半都是作为公共工程而建造的,它们同政治都有着密切的联系。各个朝代都把它们当作社会与政治斗争中的重要政治手段和有力的武器。兴建以及发展这类土木工程的目的,最初都不是出自人道主义的考虑,而是决定于自然和历史的条件以及统治阶级的政治需要。中国历史上的每一个时期,有一些地区总是比其他地区受到更多的重视。这种受到特殊重视的地区,是在牺牲其他地区利益的条件下发展起来的,这种地区就是统治者想要建立和维护的所谓“基本经济区”。

利用基本经济区这一概念,就有可能剖析在对附属经济区进行政治控制时成为支撑点的经济基地的作用。因而也才有可能去研究中国经济史中的一个重要方面,并从政权与地区关系的观点出发对它加以探讨,以及根据农业生产的发展过程,对它加以系统的论述,——而这种农业生产是随着灌溉事业、防洪事业以及人工水道系统(最初是为了向政府运送贡纳谷物)的发展而发展起来的。再也找不到别的方法能如此清晰地说明以下几方面的问题了,即:政权同中国地理区划之间的关系,一地区何以能一再地控制另一地区,以及具有显著地区差异、范围广阔的地域在政治上得以形成统一的途径等问题。还有一点要着重指出的是,地区经济地理还影响到了中国农民起义的历史(这种起义往往是朝代更换的原因),它不仅为起义提供了聚众的地点,而且还会左右到这种起义能否获得成功。

虽然从公元前三世纪古典封建主义结束以后,中国就进入了一个以领土扩张与经济中心转移,以及政治统治不断更替为特征的漫长时期,但是,无论是社会性质,还是政治方面的上层建筑,实际上都没有改变。直至十九世纪中叶中国的闭关孤立状态被打破之前，这一时期才告结束。因此，它实际上包括了从形成统一的帝国或王朝开始，到西方列强对中国入侵时为止的全部中国历史。在这一整个时期中，有两个显著的动向值得研究，一个是统一与分裂的交替出现，这种交替现象，是在一种社会结构几乎全无变动、社会经济发展的水准大致如旧的情况下产生的，也就是在人们通常所认为的停滞现象的情况下产生的。另一个就是中国的文化由黄河中游向长江流域南进了，这种南进，显然是一种发达的现象。在由黄河中游向长江流域进展的过程中，不同地区的相对实力与政治上的重要性逐渐起了变化，而作为地方统治的中心问题的基本经济区，也相应地发生变化。如果撇开外部入侵、农民起义、商业及其他因素不谈，那么，关于领土扩张连同经济与政治重心的改变（但注意，社会或经济的结构不变）问题，就成了一个关于基本经济区转移的问题了，而这一问题的解决，就为了解中国历史，提供了一条重要的线索。

二 基本经济区的定义

在我们所论及的这一漫长的历史时期中，中国的经济结构，最初是由千百万个在不同程度上能自给自足的村落所组成，这些村落一般都是为了行政管理与军事行动上的需要而编制成的一种较大的组织形式。相当于现今“省”一级的较大的行政管辖单位，从汉朝（公元前206—公元220[①]年）就出现了。这些行政管辖单位，

① 原文为221年，但现在一般都将汉朝断至220年；因而三国时期亦应自220年始。以下均改，不再加注。——译者

在不同的朝代，其名称虽不尽相同，个别省的边界虽也时时在变动，但是，像这种作为省一级的单位，自很早的时候起，几乎就维持不变了。而这些省一级的单位，根据地形与经济因素，又组成了一些地理区划。这种地理区划的轮廓，在动乱与分裂时期显得很重要。例如将秦（公元前221—前206年）汉（公元前206—公元220年）之际，或隋（公元589—618年）唐（公元618—907年）之际的动乱年代的地图，同三国（公元220—264年）、南北朝（公元420—589年）与五代（公元907—960年）同样处于动乱时期的地图作一比较①，就可以很清楚地说明这一事实。中国商业发展的水平，从来都没有达到能克服农业经济的地方性和狭隘的闭关状态的程度。这些地区性的组织是高度自给自足的，且彼此间又互不依赖；在缺乏机械工业、现代运输与通信设备和先进经济组织的条件下，要实现现代意义上中央集权的国家则是不可能的。在这种情况下，中国的统一与中央集权问题，就只能看成是控制着这样一种经济区的问题：其农业生产条件与运输设施，对于提供贡纳谷物来说，比其他地区要优越得多，以致不管是哪一集团，只要控制了这一地区，它就有可能征服与统一全中国。这样的一种地区，就是我们所要说的“基本经济区”。

三　漕运的作用

在中国历史上，主要是按实物的方式来征收赋税的，这一事

① 参阅欧阳缨：《中国历史地图》，武昌，1930年。

实,说明了漕运是多么的重要。漕粮是皇族、中央官僚与首都警卫部队的主要供应来源。清朝的大臣董恂[①],在他所编的大运河便览的序言中,对漕运的作用,有很清楚的说明。他说:

> 京师控天下上游。朝祭之需,官之禄,主之廪,兵之饷,咸于漕平取给,而饷为最。综材官、技击、厮养、羡卒,名载饷册者,十七万人。家以八口计,则食饷者百有三十有六万;即家五口,食饷者亦宜八十有五万。此断非籴数十百乡镇,乡镇籴数千百斛,所克济。……微漕东南粟,蔑由职是故也。[②]

虽然董恂所谈的是清朝的特定情况,但是,这段话所包含的一般情理,实际上对于秦(公元前221—前206年)以后的每一个朝代都是适用的。除了供给首都的需要之外,漕粮也是国家储备不可缺少的来源,特别是为了制止可能的造反,也就是说,为了供养一大支集中的兵力,以便在一旦预防性措施失效之后,就来镇压这种造反;或者在外敌入侵时进行一场对外战争。远在汉朝,汉文帝[③]的能臣贾谊(公元前200—前168年)就领悟到了这种储备在政治与军事方面所具有的重要意义。"汉之为汉,几四十年矣,公私之积,犹可哀痛。"贾谊这样提醒了他的君主之后,接着,还劝告地提出了问题:"即不幸有方二三千里之旱,国胡以相恤?卒然边境有急,数十百万之众,国胡以馈之?"[④]诚然,充足的粮食供应,是任何军队都

---

① 原文为董恂和。下不再注。——译者

② 董恂:《江北运程》,第1—2页。

③ 原文为汉武帝。——译者

④ 贾谊:《新书》第73卷。这一段文字,在班固《汉书》第24卷《食货志》第9页中也可查到。

要密切关注的问题;但是,在现代战争出现之前,可以毫不夸张地说,粮食就是军队的生命,而充足的粮食储备,就是其最重要的武器。

《册府元龟》是一部成书于1013年的名著,宋朝的一位学者在该书漕运一章的绪言中对漕运所起的两方面的作用,曾作过很精辟的概括。他断然地写道:

> 若乃京师大众之所聚,万旅百官之仰给,邦畿之赋,岂足充用?逮于奉辞伐叛,调兵乘鄣,或约赍以深入,以羸粮而景从,曷尝不漕引而致羡储,飞挽而资宿饱。①

在那样的情况下,毫不奇怪,漕粮的生产、征集与运输,总是统治者及其官吏们极为关注的问题。

四　统一与分裂的经济基础

地方官吏的主要职责之一,就是每年都要完成漕运一部分地方岁入的任务,例如在清朝,对不同省份都规定了一定份额的漕运指标。② 但是,在动乱时期,就只能靠那些中央政府直接控制之下的稳定的地区继续漕运。而那些中央政府权力不易达到的地区的官吏(或者自封的首领),就会利用王朝分裂的机会,独立地统治这些地区。如果这些首领占据的地区,在经济上一旦有了能与中央

① 王钦若、杨亿:《册府元龟》第498卷。

② 黄汉樑:《中国的地租》(*The Land Tax in China*),纽约哥伦比亚大学出版1918年版,第92—95页。

政府相抗衡的力量，那么形成某种均势的客观物质条件也就存在了。而当别的因素尚未打破这种均势以前，就将出现一次持续的分裂时期。在分裂期间，不可避免地要卷入相互争斗的旋流，而相争的统治者，往往借助水利工程的建设来加强其力量。这种建设性活动的竞争，以及随这种竞争出现的封建战争的野蛮破坏，一般都会打破这种均势，并产生新的占优势地位的经济区。三国时期是一种在没有游牧者入侵的复杂因素影响下形成分裂的典型例子。其后期所出现的事态，是值得我们注意的。“黄初（公元221—226年）①以后迄晋，当时能臣皆以通渠积谷为备武之道。”②

这种占优势的经济区一旦确定，控制了基本经济区的首领，就获得了优越的物质利益而胜过与之竞争的其他集团，最后把国家统一起来，与此同时，统治集团往往都特别注意在这一基本经济区更进一步地发展农业生产和运输事业以维护其权力。所以，以基本经济区这一观点作为杠杆，并由此去研究中国历史，就能更好地阐明有关统一与分裂的中心问题。于是也将提供一条途径，使我们能够由此了解到，对从公元前221年的秦初到公元1911年的清末整个中国历史时期中，对各个朝代的经济政策起了决定作用的那些基本的客观条件。

五 中国历史上基本经济区的转移

按照上述的标准，我们就能够把从公元前255年至公元1842

① 本书引义中括号里的内容，是本书作者附加的。——译者

② 康基田：《河渠纪闻》第4卷。

年(这是有着外国势力影响的近代时期的开端)的中国经济史,划分为五个时期。第一个统一与和平时期(公元前 255—公元 220 年),包括秦汉两代。这一时期,以泾水、渭水、汾水和黄河下游为其基本经济区。第一个分裂与斗争时期(公元 220—589 年,这是一个最重要的转变时期),包括三国、晋和南北朝。在这一时期中,因为灌溉与防洪事业的发展,使得四川与长江下游逐渐得以开发,因而出现了一个能与前一时期的基本经济区所具有的优势相抗衡的重要农业生产区。第二个统一与和平时期(公元 589—907 年),包括隋唐。这一时期,长江流域取得了基本经济区的地位,大运河也同时得到了迅速的发展,从而将首都与基本经济区连接起来了。第二个分裂与斗争时期(公元 907—1280 年),包括五代、宋和辽、金。这一时期,长江流域作为中国显著的基本经济区在进一步充分地发展着。第三个统一与和平时期(公元 1280—1911 年),包括元、明、清三代。在这一时期,统治者们对于首都与基本经济区相距太远这件事越来越发愁,因而多次想把海河流域(现河北省)发展成为基本经济区。

于是,这五个代表着中国社会—经济史中长期发展阶段的时期,就以基本经济区从一地向另一地的转移过程标志出来了。不言而喻,每一个时期,往往由于农民起义的发生,就会出现一个社会与政治上动乱的短暂间隔时期。这种农民起义,通常都会导致朝代的更替。比如 1368 年元朝的灭亡与明朝的建立就是一例。另外一些朝代的中断却是因为胡人的入侵所致,而这种入侵往往是乘机于中国内部的经济崩溃之时。例如契丹鞑靼人(辽代,公元 916—1125 年),女真鞑靼人(金代,公元 1115—1234 年),蒙古人(元朝,公元 1271—1368 年)和满洲人(公元 1644—1911 年)的入侵即是这样。然而，这些变化周期较短的朝代不管是通过内部起义的方式还是外部入侵的方式产生的，如果把它们看作是附属于变化周期较长的经济转移现象的话（这种经济转移为政治与朝代的演变提供了舞台），问题也就容易理解了。

历代强调经济政策的一个根本方针，就是掌握与发展基本经济区。据此，我们也就找到了并且了解到了水利事业发展的总趋向。搞清楚水利事业发展的过程，就能用基本经济区这一概念，说明中国历史上整个半封建时期历史进程中最重要的特点了。[1]

① K. A. 威特福格尔（Wittfogel）博士在他的关于中国经济与社会问题的名著中，曾经论及了“中国经济—政治核心区”这个问题。虽然我们的论文彼此互有补益，然而他的贡献与我的不同。他说：“所谓‘文化中心’，或者更正确地说，中国的经济—政治核心区，决不是固定不动的。在中国处于农业国时，它就曾有过几次变动；而当中国工业化之后，由于原料中心和工业生产中心多半不与农业生产中心相一致，因而又会在新的地区建立新的政权中心。”见《中国的经济与社会》（*Wirtschaft und Gesellschaft Chinas*），第 273 页。他认为从西北到东北，到长江流域，这种核心区有三次变动，根据这些变动，他就得出了关于中国文化发展三阶段论的概念。他的贡献就在于阐明了存在有变化着的地理区这种事实，亦即他所谓的核心区，以及这种区域与中国文化的关系。而我的著作的中心思想，在于说明作为统治附属地区的一种手段的基本经济区的作用，在于指出上面已经阐述过了的关于基本经济区的转移问题，在于解释关于中国历史上交替出现的统一与分裂现象的经济基础问题。这里，我要感谢我的朋友 J. 帕赫特曼（Pachtman）为我口头上翻译了（按：由德文译成英文）威特福格尔（Wittfogel）博士的著作《中国的经济与社会》（*Wirtschaft und Cesellschaft Chinas*）的部分内容，同时还要感谢威特福格尔（Wittfogel）博士为我提供了上述引文以及该书中其他选段的英文版本。

第二章　中国水利事业与经济区划的地理基础

中国的各种地理条件造成了这样的事实：如果没有作为农业的完整组成部分的水利系统的发展，农业生产就决然达不到它曾经有过的高水平，也不可能出现由具有高度生产性的农业经济所带来的半封建中国的繁荣文化。K. A. 威特福格尔（Wittfogel）详尽的论文，已经清楚地阐明过灌溉对于中国经济的重要意义，它使人信服地确认了这样一个事实："在中国的每个地方"，灌溉是"集约农业①不可缺少的条件，在此基础上，便确立了中国的农业社会，正如现代资本主义的工业社会是建立在煤与铁的基础上一样"。②

虽然，中国有着许多不同的地理区划，而且各有其自身的特点，但几乎所有主要的地区，都有这样或那样形式的水利工程作为农业发展的基础。在西北黄土地区，主要是用渠道进行灌溉的问题；在长江与珠江流域，主要是解决在肥沃的沼泽与冲积地带上进行排水、并对复杂的排灌系统进行维修的问题；而在黄河下游与淮

① "集约农业"为一农业术语，指对一定面积的土地，经过灌溉、施肥、精耕细作等措施之后提高了单位面积产量的农业生产。集约农业是相对于"粗放"的农业生产方式（如广种薄收等）而言的。——译者

② K. A. 威特福格尔（Wittfogel）：《中国的经济与社会；亚洲农业学会科学分析报告》（*Wirtschaft und Gesellschaft Chinas: Versuch der wissenschaftlichen Analyse einer grossen asiatischen Agrargesellschaft*），莱比锡，1931年，第229页。

水流域，实质上就是一个防洪问题。在运输方面，遍及整个中国领土并作为商业与行政动脉的水道，一直是极其重要的。

一 黄土与灌溉

按照丁文江博士的说法，“早期中国文明最重要的发祥地”①是在北纬31°—40°与东经113°—118°的范围之内，亦即山西、河南、河北南部、山东西部以及江苏与安徽北部所属范围。这一范围之内，比起冲积地带来说，拥有较多的黄土——注意到这一点是重要的。其中东经118°以西的整个淮河流域都在黄土区之内。除了黄河故道以外，北纬32°—34°与东经114°—118°之间的地区，几乎全都是黄土层。在与此相同的经度内，在北纬35°—36°的地区，除了河道以外，大部分也是黄土区。于是，这两条黄土带就将山东半岛与西部黄土区连起来了。在整个这一范围内，只是在北纬36°以北的地域及河道区，才是冲积地带。

“这就是所谓的连续的半草原，这个半草原，从海岸一直延伸到土耳其斯坦②，其中既无森林，也无沼泽，而且有利于农业生产与车辆运输”，丁文江总结道，“这就使得早期的定居与文化的不断传播成为可能的了。”③这里所指的黄土区，其范围是很广阔的。丁博

① 丁文江：“格兰特教授的‘中国文化’”（“Prof. Granet's ‘La Civilization Chinoise’”），载《中国社会与政治科学评论》第15卷第2期，北平，1931年7月，第268页。

② 土耳其斯坦是欧洲人定的名称。东土耳其斯坦是中国的新疆，西土耳其斯坦是苏联的中亚西亚。这一带在隋唐时期属于西突厥帝国，故名。——译者

③ 见丁文江，前引书，第268—269页。

士也许认为在殷朝(公元前1401—1050年),陕西省就成了中国文化发祥地之一了,即使我们拿比丁博士所指的殷朝还晚一些的周朝(公元前1050—255年)的情况来说,整个发祥地依然没有越出黄土地带的范围。

关于古代中国领土的这种特殊地貌的描述,是了解灌溉事业对于中国农业的重要意义这一问题的一个关键。其秘密就在于黄土与水分相结合之后所呈现的特殊性质。

在大约半个世纪以前,E. F. 里奇索芬(Richthofen)教授的研究曾经揭示过这个问题。① 他观察到,黄土之吸水犹如海绵。黄土的高孔隙性和强毛细管吸收力,就使得蕴藏在深层土壤中的无机质能上升到顶层,从而为农作物的根部所摄取,黄土也就具有了"自行肥效"的能力。然而,很明显,只有在有充分的水分时,才能产生这种作用。这就是为什么莱昂(Lyon)、菲平(Fippin)与巴克曼(Buchman)在他们的权威著作《土壤:它们的性质与处理》中作如下总结的原因:"由于黄土中含有丰富的苛性钾、磷与石灰,一旦加入适当的水分,它就成了极其肥沃的土壤。"②

由此,中国北平的燕京大学前地质学教授C. B. 巴伯(Barbour)曾断言:"因为中国的黄土有着很高的石灰成分,而且其肥效是绝然无疑的,所以,水分的供应就成了必不可少的因素了。"③这些结论并非先验性的,而是被以下的实验证实过。这些实验是:中

① 参阅E. F. 里奇索芬(Richthofen):《中国》(*China*),柏林,1882年,第2卷。

② T. L. 莱昂(Lyon),E. O. 菲平(Fippin)与H. O. 巴克曼(Buchman):《土壤:它们的性质与处理》(*Soil: Their Property and Management*),纽约,1915年,第61页。

③ G. B. 巴伯(Barbour):"中国的黄土"("The Loess of China"),载《中国科学与艺术》第3卷第8期,上海,1925年8月,第467页。

国北平清华大学T.牛(New)教授所做的毛细实验[1],中国南京的金陵大学鲁德米克(Lowdermilk)教授关于黄土持水能力的确定[2],以及中国地质调查局的翁文灏博士努力完成的关于黄土的化学分析[3]。巴伯(Barbour)教授基于他自己确凿的观察,曾引人注目地强调他的结论说:"我认为这些理论上的结论,可以被任何场合下观察到的事实所证实。"[4]

二 淤沙的肥效价值

说到位于冲积平原、河谷或者旧河床与旧湖床等处的农业耕地,不管在北方还是南方,都是属于最上等的农业生产区。灌溉对肥料所起的媒介作用,就这些农耕地来说,与在黄土草原上所起的作用虽然不相同,但同样是重要的——如果说不是更重要一些的话。在这些地带,灌溉的效果大部分是由洪水的泛滥完成的。直至今天,在华北地区,每在夏季暴雨之后,还可以见到大量的挟带着泥沙的急流自山上奔泻而下。为了得到这种挟带泥沙的水流,并将其导入农田,从而达到灌溉、施肥与防洪的三重目的,农民们则开挖了各种沟渠;而对于大型的沟渠,就由政府主持开挖。

---

① G. B. 巴伯(Barbour):"中国的黄土"("The Loess of China"),载《中国科学与艺术》第3卷第8期,1925年,第517—519页。

② 同上书,第462页。

③ 同上书,第519页。

④ 同上书,第462页。

在中国北方的一些大河，如泾水和渭水（陕西）、汾水（山西），洛水（河南）和黄河，它们沿途所汇集的洪流，实际上都挟带有惊人数量的泥沙，而这种泥沙，又能够很方便地由渠网系统引入农田。黄河的含沙量平均为11%。[①] 传统的中国著作家们，都遵循着前汉（公元前206—公元25年）[②]张戎的估计，认为黄河的水与沙之比为10∶6。明朝官员潘季驯，因治水卓有成效而驰名，并且是一部水利经典著作的作者。他认为，黄河在秋季的含沙量将由60%增至80%。[③] 这些说法，很明显地只能把它们看成是文学上的夸张，而决不能认为是一种科学上的估计。然而，这些材料确实说明在很久以前，黄河的大量泥沙已经引起了中国统治者的注意。

有这样一则权威性的记载，表明早在前汉（公元前206—公元26年，西汉）时期，中国农民就知道了泥沙的肥效价值。大约在公元前95年，当白渠（这是一条将含有泥沙的泾水引入今陕西省中部大片农田的渠道）竣工之后，这一带的农民就为它唱起了赞美之歌。歌词是："泾水一石，其泥数斗。且溉且粪，长我禾黍。衣食京师，亿万之口。"[④]

在太宗（公元627—649年）和高宗（公元650—683年）时期，唐朝有名的大臣长孙无忌也说过，"白渠水带泥淤灌田，益其肥美。"[⑤]明朝的潘季驯（公元1521—1595年）曾经注意到，黄河大堤决坏的原因之一，就是因为某些农民为了淤灌而私自挖开过堤防。[⑥]

---

① 张继骏：《中国地理》，中山教科丛书，第1卷，南京，1932年，第7页。

② 班固：《汉书》第29卷《沟洫志》，第16页。

③ 《河南通志》第14卷，1869年，第23页。

④ 班固：前引书，第29卷《沟洫志》，第8页。

⑤ 《陕西通志》第39卷，1735年，第64页。

⑥ 潘季驯：《河防全书》第4卷，1590年，第45页。

1660年出版的《临颍县通志》在谈到河南省的颍水时，有一段文字很富于启发性。它写道：

> 其源深而委小，夏秋淫雨，辄泛涨弥漫，溃决难防。然浊流一奔，所过即为沃野，西南之民多利之；正东，东北则受其害。或数年不决，地即硗，民伺其水弥，乃盗决，用肥其地。颍（今河南临颍）民谓是河有损益云。①

就拿最近的一个实例看，河南省洛河在1932年7月发生了八十年中最严重的洪水泛滥。这次洪水毁损了很多的村落，但是，在1933年却获得了非常好的麦收。② 另一个例子是，陕西省同州的数百亩土地在1932年遭受洪水之后，也获得了多年未见的丰收。③

治水专家、前黄河水利委员会委员长李协④，也确认了这一事实，并建议开挖沟渠灌溉系统，而一旦沟渠底部被泥沙淤塞，就要将泥沙挖除，并使渠道保持均匀的间距。在疏浚的过程中，还可将被清除的泥沙填充在农田上。⑤

1887年出版的《山西通志》中，记载了两个有兴味的实例，证实了在该省淤泥所具有的肥效价值。其中一个实例，是通志所谈到的从大同县玉河引水的一些沟渠的灌溉情况，说“沙砾平滩，一、二年间，淤成膏腴”⑥。

1729年清朝官吏韩光基在向皇帝上的奏章中提到了关于涞水

---

① 《临颍县通志》第1卷，河南，1660年，第7页。

② 参阅《大公报》（中国北部的一种主要日报），天津，1933年3月3日。

③ 同上。

④ 即李仪祉，陕西蒲城人。——译者

⑤ 参阅《大公报》（中国北部的一种主要日报），天津，1933年10月2日。

⑥ 《山西通志》第68卷，1887年，第26页。

的情况。涑水发源于绛县，流经闻喜、夏县、安邑和猗氏等县，最后注入黄河。在所流经的五县中，农民都利用其河水进行灌溉。他奏称：“涑水深浊。每当冻河开河之际，田亩一经灌溉，肥饶倍长。故愚民混行，私决堤堰，横筑土坝……”①这些实例最清楚地说明了灌溉有着双重的作用。

在河北，因永定河频繁的洪水泛滥所造成的损失，一般都认为由于淤沙所带来的肥效作用而弥补了。清朝的陈仪（公元 1670—1742 年）在一次关于治河问题的有名的讨论中说道，永定河能“填淤肥美；秋禾所失，夏麦倍偿。”②在讨论永定河的问题时，陈宏谋（公元 1696—1771 年）也谈到了广大的田野每当受到永定河水的泛滥之后，就将获得特别好的麦收。③

1871 年版的《畿辅通志》，从较早的地方志中引用了永定河的一条很重要的记载，说：“永定浊泥，善肥禾稼，所淤处，变瘠为沃，其收数倍。”④方苞（公元 1668—1749 年）与顾用方在一封关于讨论浑河（或桑干河）的防洪问题的信简中，也揭示了这一问题。信中说，当河流流经固安县和霸州时，河堤淹失了，两县一、二百里间，一片汪洋。而在十天左右，当洪水消退之后，这片淤沙之地就被当地农民称之为“金铺地”了。⑤ 因古代灌溉工程而著称的漳河，其肥效也是公认的，就像清朝最杰出的官吏孙嘉淦（公元 1682—1752 年）在他对皇帝的一则奏疏中所证实的那样，这一奏疏也被收入在这一通志中了。⑥

---

① 《山西通志》第 67 卷，第 30 页。
② 《畿辅通志》（河北）第 82 卷，1910 年，第 15 页。
③ 同上书，第 82 卷，第 56 页，也可参阅第 63 页。
④ 同上书，第 85 卷，第 14 页。
⑤ 同上书，第 82 卷，第 54 页。
⑥ 同上书，第 82 卷，第 31 页。

在中国南部，虽然其治水问题的表现形式与中国北部不同，但同样包括有调节洪水与增强土壤肥效这两大问题。在那里不是以洪水充灌农田的问题了，而是排除沼湿地区与湖泊中多余的积水，并将这些排过水的沼泽与湖床地区用以耕种（主要是稻谷）的问题。

中国南方有权势的地主与富农，之所以要侵占湖河土地以扩充他们的耕地面积，毫无疑问，其中一个原因是为了争夺名义上还属于国家却又没有被任何个人据为己有的土地；另一个原因就是因为在从湖床或河床回收这些土地之前的相当一个时期内可以免纳地租。

由于这些被回收的土地，具有极大的肥沃性，因而就导致了最严重的经济与政治问题，这一倾向，自南宋（公元1127—1280年）以来，尤为突出。这不单是一个争夺公共土地和无税土地的问题，而且也是一个争夺肥沃土地的问题。明朝的知县蒋以忠，大约在1829年刊行的一篇关于福建省长乐县滨闾湖问题的文章中，就很具体地谈到过湖区土地的肥沃性问题。他说："顾湖堳多沃壤，可稼穑，岁收其入，较恒田足三倍，官且不税。豪奸睨其旁者，群攘而艺之。"[①]这些富饶的"湖川田"，通常都是用一种类似墙一样的堤围起来的，以便排除其中的水，在长江下游（江苏、浙江、江西与安徽），这种田被称之为"围田"或"圩田"，而在大的湖区，特别是湖南，则称为"垸"。它们是中国农业区最富饶的土地中一个很重要的组成部分。

不少西方有名的学者，对"淤泥"曾进行过研究，并承认它在中国农业生产中所占有的地位。W. C. 鲁德米克（Lowdermilk）教授曾经计量过从陕西省山区或高原上倾泻下来的洪流中所挟带的泥沙量。他在洪峰过去之后，在三种不同类型的洪水中，选取了体积各为

① 《福建通志》第33卷，1829年，第13页。

1,000立方厘米的洪水试样,经过过滤并在100℃的温度下将泥沙烤干,称出了其重量,发现按重量计,泥沙含量为14%—22%。他说:“这是一个惊人的数量;表明每一次降雨,就要随着从山上泄下的洪水中带下数千吨肥饶的淤泥。”①科学家的这一阐述值得特别注意。

石头山与不毛之地,和山西省与中国其他山区中的荒野,毫无疑问,都是由于土壤侵蚀所造成的结果。为着保存灌溉水源,首先就要防止土壤侵蚀,关于这一问题的重要性,下面的一段引文作了很好的说明,这段引文是从发表于1887年的一篇明朝学者阎绳芳撰写的文章中摘录的。引文说:

> 正德前,树木丛茂,民寡薪采,山之诸泉,汇而为盘陀水,流而为昌源河,长波澎湃,由六支、丰泽等村,经上段都而入于汾。虽六七月大雨时行,为木石所蕴于流,故道终岁未见,其徒且竭焉。以故由来远镇迄县北诸村,咸浚支渠,溉田数千顷,祈以此丰富。嘉靖初,元民竞为居室,南山之木,采无虚岁。而土人且利山之濯濯,垦以为田,寻株尺蘖,必铲削无遗。天若暴雨,水无所碍,朝落于南山,而夕即达于平壤,延涨冲决,流无定所,屡徙于贾令南北,而祁丰富,减于前之什七矣。②

然而,在强调防止土壤侵蚀的同时,又不要将那些被侵蚀下来的泥土随便放走了,因为在采取了一定的措施之后,就可以将它们转变为有价值的东西,同时还能有效地维护航运和灌溉系统。在

① W. C. 鲁德米克(Lowdermilk)和J. R. 史密斯(Smith):“土壤侵蚀问题”(“Notes on the Problem of Field Erosion”),载《地理评论》(*Geographical Review*)第17卷第2期,纽约,1927年4月,第227页。

② 《山西通志》第66卷,1887年,第31页。

这方面，对于中国北部的防洪问题具有多方面实践经验的W. H.马洛里（Mallory），曾经作过特别有价值的研究。他说：

> 由于洪水中挟带的泥沙所造成的淤积，会提高土壤的肥沃性，那么，因洪水所造成的损失在一定程度上就可以因此而得到补偿。而灌溉就是起的这种作用。只要没有其他的损失，灌溉因而就是一举两得的事。①

哥伦比亚大学的L. A.沃凡格尔（Wolfanger）博士在说明中国的土壤条件时，曾指出了如下一个基本事实，并涉及了中国的所谓“持久农业”的问题：

> （中国）人民几乎完全没有利用他们的高山区熟土②，……而是聚居在沿河地区。洪水在沿河地区所造成的灾情固然是悲惨的，然而这里的土壤有生命力、新鲜而宜于耕种，并且还可以周期性地得到更新。由于集约地使用肥料，这种天然的生产能力又可以得到进一步的增长。即使是那些在受洪水影响的平原地区以外的居民，也是居住在丘陵区和小山岗之上，这些地区的坡地只要经过艰苦的劳动之后，就可以开拓成坪地。这些地区的土壤也是周期性地变化着。由于侵蚀的原因，它们总是经常在更换其自然状态，如果因人类生产活动的缘故，其肥力有降低的倾向的话，那也只要采取一般的施肥措

① W. H.马洛里（Mallory）：《中国：荒地》（*China: Land of Famine*），纽约，1926年，第148页。

② 适于耕作、熟化了的土壤称“熟土”。——译者

施，就可以得到某种程度的改善。……所以，中国人总是有着，而且显然至今仍然还有着有生命力的、有生产能力的和属于处女地的土壤。①

三　"持久农业"的自然基础

V. G. 西姆柯维奇(Simkhovitch)教授在他的论文《再论罗马的衰落》一文中意味深长地讲到，"中国与日本的经验证明了，即使不科学地补充无机质肥料，这种存在于很狭小的地面之上的集约农业，也能够无限期地维持下去。"于是，他就提出了一个重要的问题："何以罗马衰败了，而中国与日本却多少获得了成功?"②——回答了这一问题也就解决了中国经济史中关于"持久农业"这一个基本的课题。

这一问题的答案，正如我们在上面讨论中所指出的那样，在于黄土的"自行肥效"的能力，与沉积于冲积平原上的肥饶淤泥所具有的"自行更新"的能力。只要供给充足的水分，黄土自行肥效的能力就可以发挥出来；至于淤泥的"自行更新"的能力，通常是由于人为的灌溉活动或天然的洪水泛滥所导致的土壤侵蚀现象而产生的。对于后一种情况，利与弊是相当的；但是，从最后的结局看，却保持了土壤的生命力与生产能力，且不致使土壤在比较长的时期

① L. A. 沃凡格尔(Wolfanger)："世界土壤区划与地理关系"("Major World Soil Groups and some of the Geographic Implications")，《地理评论》第19卷第1期，纽约，1929年1月，第106—107页。

② V. G. 西姆柯维奇(Simkhovitch)：《关于耶稣及其他历史小品的研究》(*Toward the Understanding of Jesus and Other Historical Studies*)，纽约，1921年，第111页。

内遭受可能出现的肥力衰竭的危险。这就是为什么中国在土壤不补充无机肥料的情况下,仍然能使其集约农业维持若干世纪的缘由。

然而,如果以为只要有了这种自然存在着的有利土壤条件,就担保中国的农业生产多少能够达到某一平均的水平,那将是绝大的错误。换句话说,只是维持使中国在比较长的时期内,不会受到可能出现的土壤肥效衰竭的危险这样一种有利的土壤条件,那还不见得能使她不受到农业生产急剧下降的威胁,特别是在一些地区,由于某些社会—经济与政治条件的缘故,更是如此。

黄土与冲积土的天然肥效的优越性,如果没有有效的灌溉系统(这种灌溉系统既是一个工程措施问题,也是一个社会经济问题),也是不能充分发挥出来的。在一些对统治势力有实际意义的特定地区,这些土壤所存在的优越性也许能得到很快的发挥并受到多方面的维护;但是,一个地区一旦不受宠于统治者,它就将被忽视和被放弃,直至遭到土壤肥效枯竭和生产力迅猛下降的命运,宋(公元960—1279年)、元(公元1280—1368年)、明(公元1368—1644年)、清(公元1644—1911年)各朝时期的陕西省就属于这种情况。可见,有利的自然条件,固然为水利事业的发展提供了基础,但这些条件能否加以利用,又要受到基本经济区的位置与当时总的社会经济和政治条件的制约。

四　中国降雨的多变性

从上面所讨论的中国土壤的特殊性质,就会明白水分的供应是发展农业的一个极其重要的因素。第二个问题,就是每年降雨的自然过程，是如何满足农业生产的需求的？虽然在整个中国历史中，由于社会经济的原因，水旱灾情的严重性加剧了、持续时间延长了与反复出现的次数增多了；可是，这些灾害还确实表明了，在中国，水分供应的自然过程对满足农业生产的需求来说，不仅是不可靠的，而且还的确是灾难性的。无论是通常的看法，还是科学的见解，似乎都得出了这样一个结论：中国，特别是中国北部，降雨的主要问题，还不是雨量大小的问题，而在于年际间存在着极大的差异性。中国的降雨跟印度一样，都是由随着季节而变化着的季风带来的。[①]风的主要方向，在夏冬两季明显地颠倒了过来。下面的统计就表明了在中国北部风向颠倒的程度。

中国北部风频百分比[②③]

	北	东北	东	东南	南	西南	西	西北
冬季	17	8	5	6	6	8	18	32
夏季	10	9	12	26	16	10	7	10

① J. 哈姆(Harm)：《气候学手册》(*Handbook of Climatology*)，第1部分，“一般气候学”，纽约，1903年，第163页。

② W. G. 肯德鲁(Kendrew)：《气候》(*Climata*)，牛津，1930年，第97页。

③ 李约瑟据此表与W. G. 肯德鲁(Kendrew)《气候》(*Climate*)一书中的资料，绘有风频玫瑰花图(如图)。图中各个方向上的线段长度(按比例)，表示相应方向风频百分比的大小。本图形象地表明了中国北部冬夏两季风向颠倒的程度，其中左图表示冬季风频情况，右图表示夏季风频情况。见李约瑟(Joseph Needham)：《中国科学技文史》(*Science and Civilisation in China*)第4卷第3分册，第218页。——译者

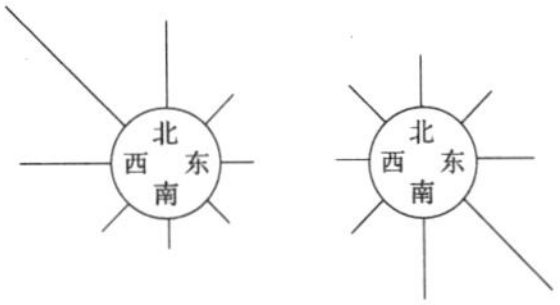

冬季　　夏季

一看这个表,就会使观察者充分地认识到:在中国农业生产中,气候的周期性变化占有重要的地位。肯德鲁(Kendrew)的叙述也同样清楚地说明了这一问题,他说:"常态气候所出现的任何重大的变动,都可能导致很大的灾难,甚至是范围广泛的饥馑。"①肯德鲁进一步说:"尤其是印度与中国,降雨持续的时间与降雨量,都存在有大幅度变动的情况。"②关于这一问题的新近权威著作,也认为中国年降雨量的变化程度是很大的。法国气象学家 J. 西翁(Sion)在关于季风问题的综合研究中,强调指出了年降雨量的大幅度波动是季风性气候的特征之一。③ A. A. 米勒(Miller)也指出:"由于旋风所引起的季风性降雨,其结局更是变化莫测,因而饥饿也就成了季风地区的咒语。"④

---

① W. G. 肯德鲁(Kendrew):《气候》(*Climate*),牛津,1930 年,第 150 页。

② 同上。

③ 参阅 J. 西翁(Sion):《季风的亚洲》(*Asie des moussons*)第 2 卷,巴黎,1928—1929 年。参看《中国社会与政治科学评论》第 17 卷第 2 期,北平,1933 年 7 月,第 360—366 页中弗雷德里克·洪(Frederick Hung)的评论。

④ A. A. 米勒(Miller):《气候学》(*Climatology*),伦敦,1931 年,第 200 页。但是,在这个问题上,米勒关于经济方面的推断,也不全是言之有理的。在这一页中,他说道:"就是因为土壤的肥沃性,才助长了人口的增长,一直增长到其供应能力能维持的最大限度为止;而农业生产又是极乐观地寄希望于天然降雨的。因此,一旦雨量缺乏,所带来的灾害是很严重的,特别是在中国的北部,年降雨量最少,只能满足最低限度的需要。"这一推论是错误的,因为如果缺乏一定的社会—经济因素,只有土壤的肥沃,也不能助长人口的增长。对于中国的社会—经济制度来说,在当时的技术条件下,体力劳动就成了中国农业中最重要的生产因素,这样就使得官僚、地主阶级必然把促进人口的增长作为其经济政策的基础之一。一些传统的"观念",在这种制度中,也是有其社会根源的。而妨碍人口增长的最主要的原因,一个是粮食问题(这里指的是向统治阶级进贡之后所剩余的那部分粮食);一个就是发生了通常都意味着要使人口急剧下降的社会动乱。至于被官僚与地主占有与奢用之后所剩余的那部分粮食,只有按劳苦大众每人平均所获得的数额去看,才有一点意义。如果按照这种办法去计算,那么,对人民来说,每人平均之所得,实际上是极少的。为了改变生活条件(实际上,改变之后,也还是属于一种饥饿的状况),他们就不得不采取"往往寄希望于天然降雨"的农业措施了。这是一种极其艰苦的斗争。由于只有很少或者说根本就没有粮食储备,任何重大的自然条件的改变,都会带来惨痛的饥荒。

然而，自然的缺陷往往会激发人们的精神，并因而能克服由这种缺陷所造成的影响。正如米勒正确指出的，像季风这类不祥的事，“它迫使人们产生发展灌溉这样一种有益的动机，随之而来的，便极大地促进了中国文化的发展”①。

五　水稻与灌溉

中国农业之所以如此需要灌溉，另一原因，就是由于广泛种植了作为其主要作物的水稻。而没有充足的水分供应，没有对水分的精心管理，水稻是无法种植的，这是一般的常识问题。一篇发表于元朝（公元1280—1368年）的古代中国农业论文，对这一过程表

① A. A. 米勒（Miller）：《气候学》（*Climatology*），伦敦，1931年，第200页。但是，在这个问题上，米勒关于经济方面的推断，也不全是言之有理的。在这一页中，他说道：“就是因为土壤的肥沃性，才助长了人口的增长，一直增长到其供应能力能维持的最大限度为止；而农业生产又是极乐观地寄希望于天然降雨的。因此，一旦雨量缺乏，所带来的灾害是很严重的，特别是在中国的北部，年降雨量最少，只能满足最低限度的需要。”这一推论是错误的，因为如果缺乏一定的社会—经济因素，只有土壤的肥沃，也不能助长人口的增长。对于中国的社会—经济制度来说，在当时的技术条件下，体力劳动就成了中国农业中最重要的生产因素，这样就使得官僚、地主阶级必然把促进人口的增长作为其经济政策的基础之一。一些传统的“观念”，在这种制度中，也是有其社会根源的。而妨碍人口增长的最主要的原因，一个是粮食问题（这里指的是向统治阶级进贡之后所剩余的那部分粮食）；一个就是发生了通常都意味着要使人口急剧下降的社会动乱。至于被官僚与地主占有与奢用之后所剩余的那部分粮食，只有按劳苦大众每人平均所获得的数额去看，才有一点意义。如果按照这种办法去计算，那么，对人民来说，每人平均之所得，实际上是极少的。为了改变生活条件（实际上，改变之后，也还是属于一种饥饿的状况），他们就不得不采取“往往寄希望于天然降雨”的农业措施了。这是一种极其艰苦的斗争。由于只有很少或者说根本就没有粮食储备，任何重大的自然条件的改变，都会带来惨痛的饥荒。

述得很清楚。它说:"治稻者,蓄陂塘以潴之,置堤闸以止之。……又有作为畦埂。耕耙既熟,放水匀停,掷种于内。候苗生五六寸,拔而秧之,今江南皆用此法。苗高七八寸则耘之,耘毕放水熇之,欲秀复用水浸之。"①可见,水分的管理成了水稻生产中最重要的一个因素。因此可以说,没有灌溉也就没有水稻的种植。

六 "河川之国"

幸运的是,中国具有可以大力发展灌溉工程的优越的自然条件。老资格的中国地理学者 L. 理查德(Richard)指出:"世界上没有一个国家有像中国这样好的水利条件。"②K. A. 威特福格尔(Wittfogel)将中国同埃及和美索不达米亚的情况作了一番比较之后,就着重阐述了中国水系的重大价值。他指出,中国的河流虽然不流经绿洲,但它们却很理想地分布在广大的连续的土地之上。在中国,由于土壤与气候的特殊性,水分供应就成为必不可少的了,水系也就成了提高生产力的一个特别重要的因素。这就是为什么中国农业的中心,到现在为止,仍然位于几条大河的流域范围之中的原因。③

---

① 王祯:《农书》,1314 年,第 7 卷,第 5 页。

② L. 理查德(Richard):《中华帝国及其附属地区的综合地理》(*Comprehensive Geography of the Chinese Empire and Dependencies*),由 F. M. 肯内利(Kennelly)翻译,上海,1908 年,第 15 页。

③ K. A. 威特福格尔(Wittfogel):《中国的经济与社会》(*Wirtschaft und Geellschaft Chinas*)第一部分"生产力,生产与周转过程"("Produktivkräftea Produktions-und Zirkulationsprzess"),莱比锡,1931 年,第 88 页。

J. 菲尔格瑞夫(Fairigrieve)曾称中国是“河川之国”。[①] 为了详尽地论证他的观点,他说:“之所以特地称中国为河川之国,其意义不仅在于它有众多的河流,而且在于因为对河川进行了治理而极大地影响了它的历史。”[②]从灌溉和航运的角度看,菲尔格瑞夫的这种看来带有概括性的叙述,也不算是夸张的。

七 气候变动与灌溉

在 E. 亨廷顿(Huntington)[③]教授的著作中,曾经多次强调引起气候(特别是雨量)长期周期性变化的主要因素。对于中国的有关情况,竺可桢亦曾作过周密地研究[④],但是,都没有改变现今研究的结论,最多只是引入了一些复杂的因子而已。大体上说来,在长期干旱之时,就会促进灌溉活动的发展;而在雨量充沛之时,这种活动就会减弱。不过这些内容并没有列入在下一章[⑤]作为分析用的统计资料中去。那个统计资料,是从另一方面,指出了一个地区的灌溉活动同政治经济之间的关系。关于这些,将在下一章予以说明。从现今研究的结果看,似乎已经充分表明了:相对于人口的移

① J. 菲尔格瑞夫(Fairgrieve):《地理与世界势力》(*Geography and WorldPower*),伦敦,1917 年,第 225 页。

② 同上书,第 234 页。

③ F. 亨廷顿(Huntington)和 S. S. 维谢尔(Visher):《气候的变化》(*Climatic Changes*)第 5 章“历史气候”(“The Climate of History”),第 64—97 页。

④ 竺可桢:“中国历史时期中的气候变化”(“Climate Pulsation durion Historie Time in China”),载《地理评论》(*Geographical Rivew*)第 16 卷,纽约 1926 年,第 274 页。

⑤ 见下面第三章。

居与游牧者入侵的影响来说，长期的气候变动只是间接地影响着中国灌溉事业发展的进程。

至于中国文化发祥地的西北地区（特别是陕西），在过去十个世纪里，经济上出现不断倒退的现象，很清楚地看出不能归因于长期的气候变化。相应于这个地区在经济上倒退的时期内，连续干旱的明显证据是不足的，而对倒退现象更为可靠的解释，似乎是因为当时的统治集团，对起着经济基础作用的长江流域的肥沃地区进行了开发，从而就忽视了不大生长作物的陕西省的灌溉事业。即使连续干旱现象是事实，也不能驳倒上述的论点，因为那只会使受干旱影响的地区更加重视灌溉。

八　地方区划的地理基础

如果说，水利事业之所以为中国农业生产所必需，是基于土壤与气候的特殊性，和主要粮食作物水稻的特殊需要这些自然条件的话，那么，地方区划的地理基础，则是基于地形的特殊性。在中国，像在其他地方一样，国家的主要地形的划分，决定于山脉与河流的分布。多数中国河流都是东西流向的，同北美河流的南北流向恰成对照。

分隔中国三大水系的各条山脉，是造成经济与政治区划的屏障，也是多少世纪以来在中国出现分治现象的天然基础。

如克雷西（Cressey）教授所指出的："昆仑山脉向东延伸的部分是中国群山之中最大的山，在中国被统称为秦岭，它自西藏向东，直抵太平洋岸。这些山脉把中国划分成在气候、农业以及人类活动方面都有显著不同特点的两大主要地理区。"①只要考察一下中国本土的情况，就可以毫无疑问地看出，南北之间，或者说长江流域与黄河流域之间的差异，就成了中国主要的地区差异，而中国文明从其中一个地区向另一地区的扩展，则导致了中国历史上的一种具有决定意义的转变，也是中国文化在笼罩亚洲大陆进程中的一个极关重要的步骤。除了这两个主要地区外，我们还应考虑中国本土上另外两个重要地区以及许多次要一些的地区。

除了黄河与长江下游流域之外，另外两个突出的地区就是"川滇"与"两广"。四川"红色盆地"被高耸入云的隔墙式山脉环抱着，克雷西(Cressey)教授正确地认为，它已"形成为人文地理的一种具有独特形态的孤立区"②。克雷西教授还指出，"(这里的)气候是适宜的，土壤是肥沃的，人民是勤劳的，自然资源是丰富的，……据说，在本国其他任何地方出产的任何物资，都能在这里生长。"③因此，具备有易于防守的边界和丰富多样的自然资源的四川，很明显地就能以独立的和自给自足的方式而存在。

所以，多才多艺的中国学者梁启超曾这样地认为："若夫四川每天下(指中国)乱，则常独立；而其灭亡最后。"④这样的实例，自前汉(公元前206—公元25年)灭亡之后，在中国的历史上曾经发生过七次。第一，是在公元25—36年⑤，由蜀王公孙述统治过这一地区，而在全国统一了很久之后，才被后汉第一个皇帝的将领征

① G. B. 克雷西(Cressey，曾有译名葛德石。——译者)：《中国地理基础》(*Chinas' Geographic Foundations*)，纽约与伦敦，1934年，第38页。

② G. B. 克雷西(Cressey)，第312页。

③ 前引书，第310页。

④ 梁启超："中国地理浅论"，《饮冰室文集》第37卷，上海，1926年，第51页。

⑤ 原文为86年。——译者

服。第二，是有名的刘备，他是三国之一的蜀（公元221—263年）的创立者，而蜀在中国历史与文学中都是显赫著称的。第三，是李雄，他是在四世纪[①]初西晋王朝解体时享有成都王称号的。

第四，是在五代时（公元907—960年），由王建与孟知祥两个家族相继以前蜀（公元907—925年）与后蜀（公元934—965年）的名称统治过四川。第五，是明玉珍，他在明朝初年于四川建立了大夏朝[②]（公元1362—1371年）。然后，就是声名狼藉的张献忠，他在明末统治过四川；再就是英勇的石达开，在太平天国（公元1850—1864年）[③]崩溃之时，他在四川自创局面。即使到了我们的时代，长江行驶汽轮的航道伸进了四川孤立的古墙，它仍然像是一个与外无缘的世界。

至于云南，梁启超正确地认为它是四川的一个附属地区。因此，三国时期的诸葛亮，当他在实行北伐计划之前，认为有必要首先平定南方的云南人。“四川、云南，实政治上一独立区域也。”[④]

曾经属于“两广”总督管辖区的广东与广西两省，从地形上看，它们在地区上的完整性也是很清楚的。“集中在（这一地区）单一三角洲上的排水道，由于适合进行商业活动，所以大部分都变成了航道。又由于有山脉与海洋的环绕，便造成了这一地区文化生活与邻近省份无多少往来的自立状态。其气候、土壤、植被和农俗同别处相比，也完全是另一种类型。而在西江入海口的西部沿海以

① 原文为三世纪。——译者

② 明玉珍（公元1331—1366年）在四川所建的政权不是“大夏”，而是“夏”。“大夏”即“西夏”，是宋朝时在今宁夏银川一带的一个政权，1227年为蒙古所灭。此外，更正确地说，明玉珍是在元末明初而不是明初建立夏政权的。——译者

③ 原文为公元1851—1863年。——译者

④ 梁启超，前引书，第41页。

及海南岛，则是属海岸性的地区，而且相当的热，与两广的其余地方也没有多少共同之处，但是，又似乎很难把它们适当地划成别的什么地区。”①从历史上看，虽然两广是中国开发最晚的地区之一，但是，在最近一个世纪以来，在文化方面，它已经达到了一个显著的高水平。它在地区上的统一性所带来的政治影响，可以在近代史上特别是近二十年的历史上得到充分的说明。

从地理与历史的角度来看，另外两个近乎完整的地区，一是山西，一是浙江及福建东南沿海省份。其中山西，虽然在经济（农业的）自给方面较弱，但在防御能力方面是强的；而浙江与福建在防御方面较差，但经济资源是丰富的。从历史上看，这两区在分裂时期中，都曾在相当长的时间内是独立统治者的地盘。但是，这两个地区同中国本土的其他一些地区一样都过于靠近中原，以致不能长久地抗拒中央的权威。它们尽管也有几次短期的独立，但仍然很快就被卷入黄河与长江流域之间主要斗争的漩涡。贯串于中国历史的大部分决战，都是在介于中国本土内两大主要地区之间的淮河流域这一狭长地带之中进行的。

① G. B. 克雷西（Cressey），前引书，第351页。

第三章　治水活动的历史发展与地理分布的统计研究[①]

公共水利工程发展的进程，在很大程度上取决于统治集团用以加强对国家进行控制的政治目的。而要有效地达到这一目的，就要着重在基本经济区这一特定地区发展水利工程，以此作为征服与统治附属地区所需的经济基地。上述事实，可以从本章所附的“中国治水活动的历史发展与地理分布的统计表”中得到令人信服的说明。

这里所用的资料，都可以在省志中查到；除了一些偶然的情况外，并没有为附会某些预定的结论而随意选择资料。必须承认，这些资料都是从本文所研究的课题出发，以及按照作者特定的探索途径来加以阐释的；然而，也只有用这种办法，才能使这些统计资料有点意义。而且，按这种特定的探索途径来解释本表，还可尽量避免发生滥用统计资料和把读者引入歧途的危险。此外，本专著的结论，又并不完全是以统计材料为依据的。为了对本章所阐述的事实给以充分的论证和准确的分析，在以后的各章中，还要讨论许多为大家共同研究过的历史论据。

---

① 本章所引用的地方志的细目，读者可参阅书末的文献目录。

一　资料的来源与性质

试图以这样的方法着手研究这个问题还是第一次，这里所用的资料，是由各个省志的有关水利章节中所记载的治水活动搜集和编辑起来的。这些章节标有不同的名称，比如“河渠”、“水利”或“堤坝”等。象渠道、堤坝、水塘或其他类型的任何一种水利工程的兴建或修复，都把它看作为一种治水活动，而且每一记载都作为一项治水活动列入表格。

这些治水活动的记载，当没有注明年月、也不能判明它属于那个朝代时，就有意地把它删去了，因为，如果不注明时间，甚至连朝代也不清楚，那么，就现在我们所作的研究来说，这项记载就失去其意义了。

至于各种工程的大小与重要性，我们就不去管它了，因为即使这些内容是有价值的，也不好把它们拿来进行比较。好在这些记载被列入地方志时，就已经很理想地照应了这种关于工程大小方面所存在的差异性。因为这些记载往往是由县一级政府负责记录的，那么，范围跨几个县的较大工程，就要被几个县同时记录几次，因之，较大的工程在记载中则会多次出现，这样一来，表格中所列的数字，对于工程的实际规模与治水活动的重要性来说，就极好地达到了计量统计法的目的，因而就能从中恰当地估计工程的实际规模与治水活动的重要性。

当讲明了编辑的过程及这些地方志内容的性质以后，对于省志为什么是我们所需要的这类资料的最好来源的问题，也就会清楚了。省志是由被指定的官员，根据所属各县、州和府的地方志材料编成的。《江南通志》（包括江苏与安徽）的乾隆版（公元1736年）

中国治水活动的历史发展与地理分布的统计表(根据各省地方志资料编制)

朝代 \ 省	春秋(公元前722—前481)	战国(公元前481—前255)	秦(公元前255—前206)	汉(公元前206—220)	三国(220—280)	晋(265—420)	南北朝(420—589)	隋(589—618)	唐(618—907)	五代(907—960)	北宋(960—1127)	南宋(1127—1279)	宋(杂史资料)	宋(整个宋朝小计)	金(1115—1234)	元(1280—1368)	明(1368—1644)	清(1644—1911)	各省合计	地方志发行年次
陕西	…	…	1	18	2	…	…	9	32	4	12	4	4	20	4	12	48	38	208	1735
河南	1	3	…	19	10	4	…	4	11	…	7	…	4	11	2	4	24	843*	947	1767
山西	1	…	…	4	1	1	1	3	32	…	25	…	…	25	14	29*	97*	156*	389	1734
直隶(河北)	…	…	…	5	1	2	3	1	24	…	20	…	…	20	4	11	228	542	886	1884
甘肃	…	…	…	1	1	…	…	…	4	…	2	…	…	2	…	2	19	19	50	1736
四川	…	1	…	…	1	…	…	…	15	1	…	4	1	5	…	1	5	19	53	1815
江苏	3	2	…	1	3	2	8	1	18	…	43	74	…	117	…	28	234	62	595	1736
安徽	1	…	…	1	3	…	4	1	12	…	7	9	…	16	…	2	30	41	127	1877
浙江	…	2	…	4	2	3	2	2	44	1	86	185	31	302	…	87	480	175	1406	1736
江西	…	…	…	1	…	1	1	…	20	1	18	36	2	56	…	13	287	222	658	1732
福建	…	…	…	…	…	2	…	4	29	…	45	63	294	402	…	24	212	219	1294	1754
广东	…	…	…	…	…	…	…	…	…	…	16	24	4	44	…	35	302	165	536	1822
湖北	…	…	…	…	…	1	…	…	4	4	4	14	3	21	…	6	143	528	728	1921
湖南	…	…	…	1	…	…	…	2	7	2	5	…	…	2	…	3	51	183	209	1885
云南	…	…	…	1	…	…	1	…	1	…	…	…	…	…	…	7	110	292	412	1736
各朝代合计	6	8	1	56	24	16	20	27	254	13	290	543	363	1110	24	309	2270	3234		

的绪言中就曾讲到，皇帝“命儒臣修一统志（大清一统志），诏省会各修通志上之，而台省大臣檄征郡县志，以供采辑”①。

诚然，地方志的材料并不是全部都被抄录在省志中了，但是，可以看得出来，就我们这里所研究的资料来说，实际上几乎是没有什么遗漏的了，而且还要看到，省志中这种多少系统化了的叙述，还大大地减轻了在编制表格时所花的劳动。这个统计表尽管只限于省志的材料，也是够庞大的了。地方志所引材料的主要来源，有各个朝代的正史、政府档案、中国所富有的碑文、全国的特别是地方的知名人士的著作，甚至还有在民间流行的真实历史的传说。从中国丰富的文学遗产中发掘出来的历史与古典文学艺术，也被收集在地方志中了。而更多的地方资料，特别是碑文，地方人士的传记，以及地理、经济与人民公共生活中的其他资料，都是由地方志首先发表，因而，地方志就成了要寻找这类材料的唯一处所。这里所进行的研究，仅仅是一个粗陋的开端，是首次试图利用这个重要的史料来研究中国的经济和社会历史的一种尝试。②

---

① 《江南通志》，尹会一的序言，1936 年版，第 1 页。

② 李约瑟还将本章统计表中的数值作了如下的处理，其一，算出了各个朝代工程数的年平均值（如左下表）；其二，绘出了历代工程数的阶梯图（如右下图）。阶梯图的横坐标表示公元纪年，纵坐标表示工程数，值得注意的是，我国古代劳动人民所建造的水利工程的数量，其增长速度是相当快的，以致在绘制阶梯图时，不得不采用对数型纵坐标。见李约瑟（Joseph Needham）：《中国科学技术史》（*Science and Civilisation in China*）第 4 卷第 3 分册，第 282—283 页。——译者

朝代	每年所完成的工程数	朝代	每年所完成的工程数	朝代	每年所完成的工程数
周、秦	0.0175	隋	0.932	金	0.166
汉(东、西)	0.131	唐	0.88	元	3.50
三国	0.545	五代	0.245	明	8.2
晋	0.110	宋	3.48	清	12.0
南北朝	0.118				

二　资料的说明

在分析和说明表中资料之前，有必要首先回答本书的评论者在一开始就必然会提出来的问题。这就是有关气候变动和灌溉活动兴衰之间的关系问题。英国著作家布鲁克斯（Brooks）在研究了关于亚洲气候问题的各类权威著作，其中包括竺可桢的著作之后总结道：

> 在第四、第六和第七世纪以及较近的第十五和第十六世纪，干旱现象是很突出的；第二、第三、第八、第十二和第十四世纪则是多雨的。可是在最近的若干世纪中，总的趋势是洪水发生的次数多于干旱发生的次数。总的说来，这与在欧洲所作的类似统计的结果很相一致。①

将这段文字与本章开头所编制的统计表相对照，就会看出这两

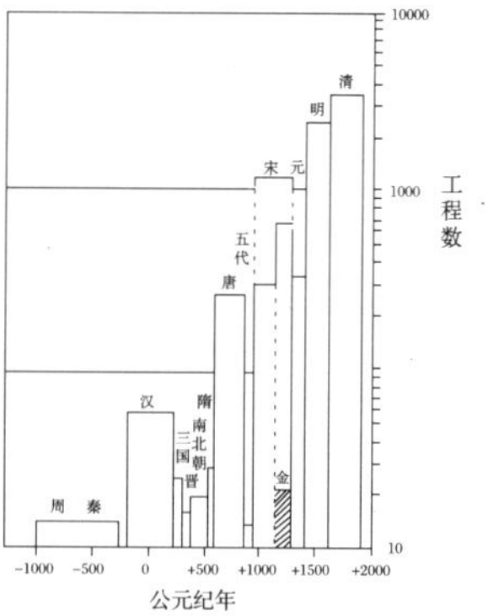

② C. E. P. 布鲁克斯（Brooks）：《若干世纪中的气候》（*Climate through the Ages*），伦敦，1926 年，第 365 页。

件事实之间没有任何联系。即使有某些联系，这个统计表也反映不出来。该表所体现的全部内容，就是某一地区的治水活动同政治与经济的重要性之间的关系——这正是本论文所要研究的问题。虽然气候的变动可能会影响到某些灌溉计划的效力，但并不是说就不需要灌溉了，因为即使雨量的平均值[①]很大，也还存在有一个年际间的雨量差异问题，同时土壤的自然属性也不会因之而改变。所以，气候的变动，最多只能看成是一个使问题的研究复杂化了的因素，而不会严重地影响到现今研究结论的主要方向。

这个表是为了比较 14 个省在各个朝代的治水活动而编制的，在对它进行考察时，要注意其中那些突出的数字（粗体字）。同时还要注意到在下面各点中所指出的那些重要事实的来龙去脉。

（一）表中列出了春秋（公元前 722—前 481 年）和战国（公元前 481—前 255 年）两时期所建造的水利工程的数字。山西记录了一项建于公元前 676 年到前 652 年之间的工程。安徽有名的芍陂[②]，据推测是由楚相孙叔敖在公元前 606 年到前 584 年[③]之间建造的。在河南还记录了归功于孙叔敖的另一项工程，以及由西门豹和史起兴建的著名工程。

---

① 当指多年平均值。——译者

② 参看后面第四章第八节。

③ 这里将芍陂的始建时间的下限定在公元前 584 年是值得商榷的。楚庄王死于公元前 591 年，而孙叔敖之死比楚庄王早几年，这是史有明文的。再者，公元前 597 年晋楚“邲”之战时，孙叔敖正任楚令尹，还参了战，则孙叔敖之死当在公元前 597—前 594 年间。芍陂如是孙叔敖所修，则至迟不能晚于这三、四年。可见此下限显然太晚，至少晚了十年。但是，如果把公元前 606—前 584 年这一时期理解为周定王的在位时间，正如本书第四章第八节在谈到同一问题时所表述的那样，则当作别论，不过要把这里的公元前 584 年改为公元前 586 年。——译者

在江苏，连接长江与淮河的最早的运河邗沟[①]，是在这一时期开凿的。江苏的一个湖泊和浙江的一个蓄水陂塘都归功于范蠡，而伍员也在这两个省分别建造了工程。范蠡与伍员都是战国时期有名的人物。吴都的另一条运河，据推测为春申君（黄歇）在公元前314年到前256年之间所建造。[②] 江苏省的一条小河，用"太伯"（周文王的长子）的名字来命名，据推测是由他开挖的。周武王的弟弟周公，据说是修建河南的一条小型灌溉渠道的发起人。

要确定这些记载的真实性是困难的。除了芍陂之外，西门豹和史起的工程以及在下一章将要讨论的邗沟，都具有伟大的历史意义，而其余的记载则是值得怀疑的，而且也没有值得认真去考察的价值。

（二）在汉朝（公元前206—公元220年），最大的数字出现在陕西与河南两省，前者有18项，后者有19项。其次是直隶[③]，只有5项。这两个分别被称为关中与河内[④]的省所控制的地区的经济重要性是不容怀疑的。它们一起构成了汉朝时期的基本经济区。

（三）在三国时期（公元220—280年）、晋朝（公元265—420年）以及南北朝（公元420—589年），南方的治水活动有所增加。这是颇有意义的现象，特别是与北方各省的治水项目在同一时期反而减少的事实相比，更是如此。

意味深长的是，湖北与福建两省在这一时期首次出现了记载，江苏在南北朝时期记录了8项，这是江苏到此为止所记录的最大

① 参看后面第四章第七节。
② 春申君死于公元前238年，故上限公元前314年未免太早。——译者
③ 相当于今河北省。——译者
④ 汉朝的河内郡只包括今豫北安阳、新乡两个地区。——译者

数字。同时,在作为三国时期曹操的基地——河南,出现了10项记载,而在作为魏用以征吴的战场——安徽,出现了3项记载,这是该省到此为止出现的最大数字。

(四)在唐朝(公元618—907年),除了河南以外,所有各省治水活动的空前增长,是一件值得引以注意的事;特别是南方,除了云南外,所有其他各省更是急剧地向前发展。

浙江记载了44项。——一个南方省所记载的数字,竟然超过了北方省记载的数字,这在中国历史上还是第一次。诚然,作为首都所在地的陕西和朝廷的“老家”①山西都受到了很大的重视,而且每省都有32项记载。但极有意义的是,在长江下游的所有各省,包括福建省在内,其记载都在18项以上。浙江增加得很明显,由4项增加到44项,江苏由1项增加到20项,福建由4项增加到29项,甚至安徽也由4项跃到12项,湖南由2项跃到7项,湖北由1项跃到4项。

综观各省情况之后,就会发现,这一时期,南方终于赶上了北方。这种南北地位的改变,以及总的形势的迅猛发展,标志着基本经济区已经转移,而且明确地表明,唐朝已作为一个新纪元开始出现在中国历史上。

(五)在宋朝(公元960—1279年),统计表表明,长江各省在治水的道路上,又大大地向前迈出了一步。特别是江苏、浙江、江西和福建的数字,在中国历史上首次达到了三位数,而以浙江和福建领先,前者有302项记载,后者有402项记载。湖北也迅速地由4

① 唐朝起家于太原(当时称“晋阳”),由山西(河东)打进关中建立政权,所以说山西省是(唐)朝廷的“老家”。——译者

项达到了21项。有意义的是，广东省也首次被列入统计表，北宋时有16项，南宋时有24项。

南宋时期(公元1127—1279年)，上述各省治水活动增加的现象特别值得注意，它表明，北部游牧者的入侵极大地刺激了长江下游以及珠江流域人口的安居与地区的开发。另外重要的一点是，南宋时，浙江省有185项记载，这是一个不平常的大数字。当想到南宋的首都是在杭州时，这种迅猛增长的意义，就无须再进一步说明了。

(六)在元朝(公元1280—1368年)、明朝(公元1368—1644年)和清朝(公元1644—1911年)，有三大特点值得密切注意。第一，是自唐宋之后还在不断发展，长江各省及广东省的重要性越来越大，同时长江流域也就很快地成了基本经济区。第二，是湖北、湖南和云南三省，在明朝时的治水活动有迅猛的增长，各省的记载分别增加到143、51和110项，与它们在元朝时所记载的6、3和7项相比，则是一个鲜明的对照。第三个特点是，在这三个朝代中，只是对直隶给予了特别的照顾，而其他大部分北方省均未受到重视。在对皇帝的各个奏折中，曾反复被提到过的关于基本经济区与政治基地相距过远的现象，导致了统治者当局很明显的担忧。因而就指望位于直隶的海河流域能发展成为基本经济区，或者用某些官员的话说，发展成为“第二江南”①。

(七)有必要单独解释一下表中四个带有星号的数字。河南在清朝出现了843项惊人的数字，是因为不是完全按照省志中的记载进行统计的。在这一处所记录的工程，至少有90%是很小的、范

① 江南，是对长江以南最富裕的江苏与安徽省所取的名称。

围一般不超出一个村的沟或堤,它们兴建于雍正五、六、七年(公元1727—1729年)。由于所列入的工程太小,所以这些数字大得难以置信。很清楚,这一资料,当作别论。

对于山西省,在元、明、清的数字,特别是在后两代的数字,由于计入私人的工程而增大了。纵观中国本土18个省的全部地方志,山西似乎是私人水利工程繁多的一个省。这也许是因为该省在最近五、六百年中商业高度发展的结果。相对于其他各省的资料来说,这一资料,明显的也是一个例外。

在表中虽然只列了15个省,但对中国本土的18个省的地方志全都考察过了。广西与贵州没有被选入,因为很意外:在这两省的省志中没有我们所需要的资料。至于山东,其全部治水活动几乎都限于黄河的防洪和山东境内大运河维修方面的内容。因而,这种性质的资料就不能与其他各省的数字进行比较。表中其他的不足之处,是清朝的资料搜集得很不充分,因为大部分地方志是在1911年以前的各个时期出版的,所以这一朝代最后几年的数字就不全。不过对清朝的统计,也不是像从表面上所看到的那样糟糕,因为其最后几年的土木工程的活动,就像这个王朝本身的衰败情况一样,一天不如一天,而且现在所统计的这15个省的资料,已能充分阐述本书主要章节的中心思想了。

第四章　作为中国国家经济职能的治水的起源

中国水利工程的起源问题，自古以来就是同大禹的历史虚构故事以及同古代中国井田制的非完全虚构故事联系在一起的。当笼罩这两件事的阴云可能从传奇与神秘主义的二十世纪的晦涩状态中出现之前，就必须把它扫除，以便得到一个对问题的细节多少清楚一点的看法，这样，在核对了少数现存的确凿证据之后，就会给我们建立起一个关于中国公共水利工程起源的一般观念。

一　禹和洪水的传说

最近，由于中国学者在考证儒经方面的努力，已经获得了一些很有兴味并带有启发性的成果，然而，在这方面所作的工作又未免太多了，以致有可能陷入毫无意义地去进行研究的危险。除非对历史情况中的一些控制因素有新的理解，或通过考古研究有一些新的确凿发现，否则，如果还朝着原来的方向去进一步研究这个问题，那将不会获得很有价值的成果。

最近，在考证儒经中所获得的那些最佳结论，最多也只能把它们看成是一种有价值的假说而已，因为它们还未得到考古发掘的证实;同时,在没有新的证据情况下,一些新的创见,还有可能推翻这些结论。如果对这些结论姑且不作这般评价,那么,在禹的考证方面杰出的青年代表人物顾颉刚的结论,倒是值得最认真地加以考虑的。

顾颉刚对古代中国历史文献的各种资料,作了大胆地分析与比较之后,便否认了关于禹与洪水问题的传统观点。这种传统观点把禹说成是在工程技术方面一个伟大的统治人物,说他驯服了在中国引起洪水泛滥的河流,把中国(北部)从一次特大洪水之中挽救出来,并建立了夏朝。①

顾颉刚所提倡的理论认为,中国古代历史上关于这一问题的传统说法,是由不同时代的著作家不断累积的结果。他还认为,那些想象的历史人物与事件,在被人们公认时的先后顺序,恰好与他们的实际历史顺序相反。

顾颉刚认为:"禹……于西周(公元前 1122—前 770 年)时就(在记载中)出现了,而尧和舜第一次出现却在较后的春秋时期(公元前 722—前 481 年)。这就是说,那些在公认的历史年表中较早出现的人物,在历史上实际出现的时间却较晚。事实上,禹之为人们所知,是在尧与舜之前;而尧与舜为人们所知又远远在伏牺与神农之前,可是在传统的历史年表中,这个顺序却完全颠倒了过来。"②

---

① 顾与其他学者对这个问题的全部讨论情况,可以参看顾颉刚的《古史辨》,北平,1930 年(应为 1926 年。——译者),第 1 卷,特别是第 59—142 页,与第 206—210 页。

② A. W. 赫梅尔(Hummel):《中国历史家自传》(*The Autobiography of a Chinese Historian*),莱顿(Leyden),1931 年,第 97—98 页。

对于禹的问题，顾颉刚的见解是，禹是在大约公元前十一世纪的殷、周期间，流传于长江流域民间神话中的一个神。而这个传说，看来先是集中在现在的浙江省被称为绍兴的会稽一带发生的。越人崇拜禹，把禹作为他们的祖先，并认为他的墓地就在会稽。这个传说由会稽传到安徽省的涂山，并认为禹曾在涂山召集过诸部落的首领开过会。后来，又由涂山传到楚（今湖北省），由楚传到中国的北部。这个传说之所以会传到中国的北方，主要是因为自周昭王（相传为公元前1026—前1002年）以后，由于战争或其他原因，北方的势力与楚接触频繁了。这也许就是为什么只是到了周穆王（相传为公元前1001—前947年）以后，禹的名字才在有确凿依据的中国北部历史的记载中提到的原因，这些记载就是《诗经》，以及可信的那部分《史记》。因而，禹的活动和影响范围，似乎是随着传说的被传开而扩大，尤其是在周朝后期，当它被传播到黄河流域中的中国文化发祥地的中心时，就为大家所公认了。

顾颉刚认为，由于长江流域特殊的地理条件，即森林、野兽与沼泽的威胁，洪水灾害，特别是钱塘江（当时长江的一条支流）的洪水灾害，以及由此而产生的对治水的急迫要求，就产生了关于禹和洪水的传说。

孟子对这个传说的解释是：

> 当尧之时，天下犹未平。洪水横流，泛滥于天下，草木畅茂，禽兽繁殖，五谷不登，禽兽逼人，兽蹄鸟迹之道，交于中国。尧独忧之，举舜而敷治焉。舜使益掌火，益烈山泽而焚之，禽兽逃匿。禹疏九河，瀹济漯而注诸海，决汝汉排淮泗而注之

江。然后中国可得而食也。①

在另一地方,孟子又曾这样描述古代中国的情况:

当尧之时,水逆行,泛滥于中国,蛇龙居之,民无所定。下者为巢,上者为营窟。书②曰:"洚水警余。"洚水者,洪水也。使禹治之。禹掘地而注之海,驱蛇龙而放之菹。……③

顾颉刚怀疑孟子关于古代中国地理条件的解释,就是讲的当时楚(湖北)和越(浙江)的情况。孟子以为楚越之地与古代中国北部的条件是相似的,而上面描述的孟子时期的楚越情况是否确实,也还有值得怀疑的地方,特别是楚国的南部当时还未开发。另一方面,现代的地理知识告诉我们,位于黄土草原之内的那一部分古代中国的地域,既不会有茂密的森林和苍郁的植物,也不会有危险的沼泽之地;就是在中国北部的冲积平原上,也不会有象孟子大肆加以渲染的繁茂森林与植物。因而,根据顾颉刚的看法,禹与洪水的传说,很像是由长江流域传到中国北部去的。然而,这个关于禹传说起源的结论,并不意味着长江流域的开发比黄河流域还早,同时,中国文化的发源地是后者而不是前者这一事实也不能因此而改变。

---

① J. 莱格(Legge):《孟子的著作》(*The Work of Mencius*)第2卷,1895年,第250—251页。或见《孟子·滕文公章句上》,《诸子集成》第1集,中华书局1954年版,第219—221页。——译者

② "书"指《尚书》。——译者

③ J. 莱格,前引书,第279—280页。或见《孟子·滕文公章句下》,《诸子集成》第1集,中华书局1954年版,第263—264页。——译者

将来新发现的证据，可能证实也可能推翻顾颉刚所作结论的积极贡献，但不管怎样，他对这个传说的传统说法所给予的有力的批判，似乎已经成功地打破了这样一种神秘的理论：即认为中国水利事业的开端，要归功于一个英雄神灵的仁慈和他的自我牺牲的活动。通过宗教正统学者反复断言了若干世纪之后，这个神秘的理论已经获得了宗教教义上的权威，从而成了在这个问题上的任何科学研究的一个巨大的障碍。只有彻底打破这个传统理论，才有可能对治水活动起源方面的有用资料，进行客观的研究。

二　灌溉实践的最早记载与井田制

中国灌溉实践的第一次确凿记载，出现在《诗经》中，其诗句为："滮池北流，浸彼稻田。"①

这首诗据推测为周幽王（公元前781—前771年）的皇后所作。有意义的是，在记载中所描述的第一项灌溉工程，是位于陕西省中部的黄土地区的中心。《战国策》（这是一部由大约生于基督诞生之前的头一个一千年之中的一些作者所写的著作）也提到过灌溉，它告诉我们这样一件事，大约在公元前五世纪的时候，东周

① J. 莱格（Legge）：《中国的古典名著》（*The Chinese Classics*）第4卷第2部分，第416页。这里的译文除了第一行的第6个字和第7个字以外②，都是用的莱格的原文。莱格博士在这里只用了一个"池"字，而将"滮"字看成了一个描述水流的形容词。现代中国的学者都认为"滮池"是位于陕西省翔县西部的一个小湖的名称。参看闵天寿《古代中国文选》（诗经）的序言及脚注，上海，商务印书馆1928年版，第26页。

② "译文"指"滮池北流，浸彼稻田"的英译；"第6个字和第7个字"指该译文中的"Piao pool"。——译者

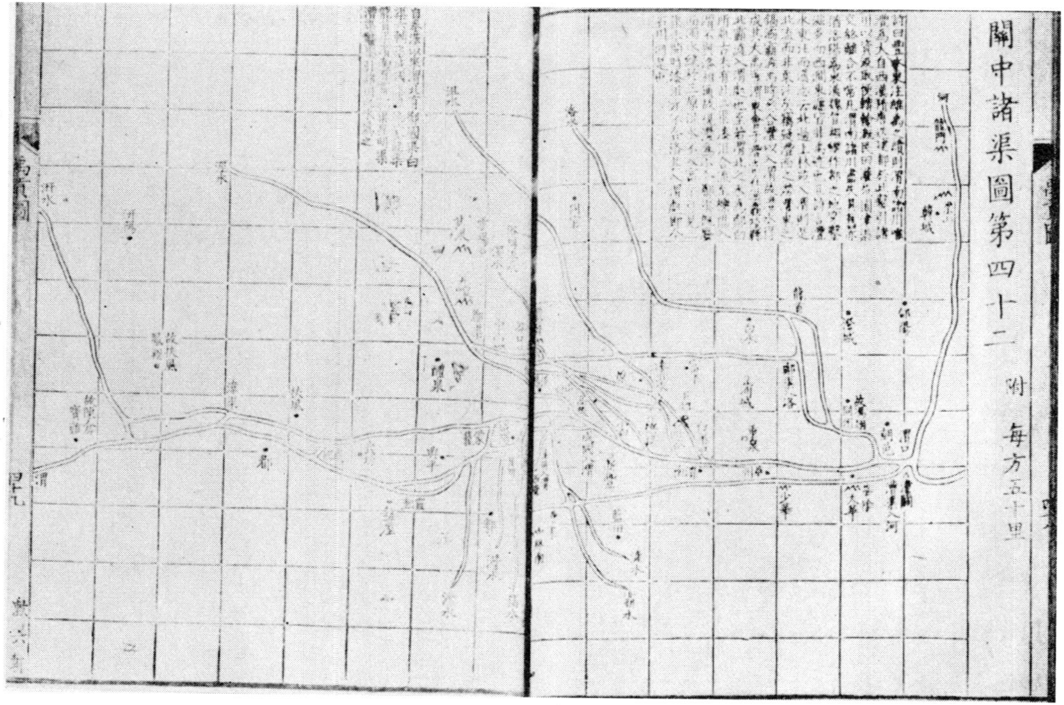

关中(陕西省的泾水与渭水流域)古代渠道图,选自胡渭的《禹贡锥指》(1705 年版)

想种水稻，可是位于黄河与洛河上游的敌国西周，控制了与这两条河流相连的灌溉渠道，拒绝放水，于是东周只得被迫改种麦子。[①]这些记载虽简略，但可信，而且清楚地说明了，在公元前八世纪和五世纪，在中国就有了灌溉的实践。比这更早，就没有可用的记载了。

在一开始，灌溉必定是在很小的局部范围之内的一种实践活动，指出这一点是很重要的。《诗经》记载的只是一个池，而《战国策》中的灌溉渠道的规模也不可能是很大的。生于公元前六世纪的孔子，只提到过沟洫，但没有说在当时有大型的灌溉渠道。中国的学者，按照孔子的说法，通常是把古代中国的灌溉系统，说成是古代中国，特别是周朝时作为"井田系统"中主要组成部分的"沟洫系统"。如果对"井田系统"没有一个正确的理解，就不可能把握住传统的灌溉系统的真实性质。

自从孟子第一次描述"井田制"以来，"井田制"就成了一个激烈论战的课题。为了得到关于这一制度本来面目的明确概念，有必要详细引录孟子的叙述。孟子在回答毕战所提的问题时，介绍了关于这一制度的大要。毕战是由滕公派出向孟子询问"井田制"问题的。孟子说：

> 子之君，将行仁政，选择而使子，子必勉之。夫仁政必自经界始。经界不正，井地不钧，谷禄不平。是故暴君污吏，必慢其经界。经界既正，分田制禄，可坐而定也。
>
> 夫滕壤地褊小，将为君子焉，将为野人焉。无君子莫治野

① 臧励龢：《战国策注》学生版，商务印书馆 1932 年版，第 3—4 页。

人，无野人莫养君子。

请野九一而助，国中什一使自赋。

卿以下，必有圭田。圭田五十亩。

余夫二十五亩。

死徙无出乡。乡田同井，出入相友，守望相助，疾病相扶持，则百姓亲睦。

方里而井，井九百亩。其中为公田，八家皆私百亩，同养公田。公事毕，然后敢治私事，所以别野人也。

此其大略也。若夫润泽之，则在君与子矣。①

孟子（公元前372—289年）的上述大要，是在预示着封建土地所有制崩溃的第一个重要法令被记录于历史之后两个多世纪才提出来的②。不过他在引用《诗经》中的诗句时，只是指出了与上下文有关的一些问题，而没有交待他的用意。这诗句是："雨我公田，遂及我私。"③

三 对《孟子》的新解释

那些传统的中国学者们，认为孟子在每一个细节问题上都是

① J. 莱格（Legge）：《孟子的著作》第2卷，第243—245页。或见《孟子·滕文公章句上》，《诸子集成》第1集，中华书局1954年版，第205—214页。——译者

② 据《春秋》记载，在公元前594年，鲁国便开始按亩征收土地税。这就意味着封建土地制度的衰落，这种封建土地制，迫使农奴在领主的一块土地上劳动，而农产品则全部交给领主。也许是由于封建土地所有制的衰落与私人土地所有制的兴起，亩税就成为必要的了。

③ J. 莱格，前引书，第2卷，第242页。或见《孟子·滕文公章句上》，《诸子集成》第1集，中华书局1954年版，第201—202页。——译者

正确的，并明显地把他们对君主的忠诚表现在对上述传统学识的信奉上。当然，谨慎的学术研究，也不排斥将孟子的著作作为一条有价值的线索。

鉴于中国北部特殊的地理条件，水井就自然地成了一个地区土地制度的主要特征；水井可以提供充分的地下水，这对某一地区的发展是极为有利的。而井田可以看作是一种以井为核心的庄园式的经营单位。郭沫若告诉我们，根据西周时期（公元前1050—前781年）青铜器上的铭文，在大散关（今陕西宝鸡）附近有一个名叫“井”的封建国。[①] 郭沫若并没有留意这里面的联系；但是这一井国非常可能就是因为实行了井田制而得名，而井田制的名称可能在后来就逐渐扩展成了对这一整个时期土地制度的通称。

由井字的字形，可能使孟子联想到这样一种观念：古代庄园的单位实际上分成了9个方块。后来一些追随孟子的著作家，为了精心论证他的论点，加上了愈来愈多的细节，直至在《周礼》中编造了一个虚构的理想土地制度为止。经近代权威学者认定，《周礼》成书于西汉（公元前206—公元25年）末年。同时，后来的作者们对这一制度的封建领主面貌，也越来越不注意，直到最后就把它全忘了[②]。由于9个方块的虚构形式显然是荒诞无稽的，同时，由于封建社会与这种具有田园诗式的共产主义土地所有制之间的明显矛盾，就引起了许多疑古论者全盘否认井田制的存在，并且公然斥责整个事情纯属捏造。[③]

---

① 郭沫若：《中国古代史研究》，上海，1931年，第300页。

② 见廖仲恺对胡适的信，《胡适文存》第1卷，上海，1921年，第253—263页。

③ 参看胡适对廖仲恺与胡汉民的书简关于这个问题的很有趣味的争论，《胡适文存》第1卷，第264—282页。书简中包括很多有趣味的带萌芽性的观念。但是他错误地认为孟子的陈述纯属他的想象和没有任何历史基础的产物。

然而,如果把这些人为的规定看成是一些无关紧要的细节,而按照孟子所建议的复井田意图,并根据现代关于一般社会经济条件所提出的确证,去解释他的关于井田制的大要,就会发现,这种井田制是有可能存在的,不仅在表面上讲得通,而且还清楚地概括和揭示了古代中国在生产上的基本社会经济单位,即最古老的村落公社所具有的本质特征,而这种村落公社,到了孟子的时代,已经明显地经历了一个分解与分化的过程。

孟子建议复井田的主要目的,是为了"正经界",以便"井地钧",这样就保证了"谷禄平"。"禄"(或薪俸)指的是封建主的定期收入,即"公田"或井田中领主所占的那部分土地的全部产品。"公田"是由各家农奴共同耕种的,这些农奴也耕种他们自己的那份"私田"作为维持生存的基础。如果劳动生产力仍然停滞不前,那么,井田单位的大小一般都是按农奴的生产能力确定的;而分给每户农奴的"私田"的大小,则大抵限于惯常的生活费用之所需。这样,被封建主所掌握的土地数量,就由他所控制的农奴户数来决定。当时的封建战争,也就是为了争夺农奴与土地;只要劳动生产力不发生任何重大的改变,社会制度也就大致维持着稳定状态。

但是,在公元前的第一个一千年中间,中国北部开始使用了铁器,①

① H. T. 张(Chang):"中国青铜与铁器时代发展的研究"("Studies in the Development of Bronze and Iron Age in China"),《中国地理考察备忘录》。该论文由 A. W. 赫梅尔(Hummel)博士译成英文,其手抄稿藏于华盛顿国会图书馆。另可参阅C. W. 毕晓普(Bishop)"中国文明发展中的地理因素"("The Geographical Factor in the Development of Chinese Civilization"),《地理评论》,第 12 卷,纽约,1922 年 1 月,第 32 页,及 C. W. 毕晓普(Bishop):"中国文明的兴起"("Rise of Civilization in China"),《地理评论》,第 22 卷,第 4 期,1932 年 10 月,第 630—631 页。

约在同时,又开始使用牛耕,[①]以及日益增多地使用兽肥,[②]因而中国农奴的生产能力就必定会有显著的增长。在这一变化中,领主自然地会看到这是他们削减“私田”面积的极好机会,因而就可以更多地掠夺农奴的劳动以谋取私利。

“暴君”及其“污吏”,企图获取由于改变公私田界而产生的这场巨大的农业生产革命所带来的果实,这就很难避免产生严重的社会后果。不幸的农奴将会在土地分配问题上比其他方面蒙受更大的侵害,事态也会因此而恶化。孟子看到了这种极端的与不公平的剥削是使社会动荡不安的原因。这时,在农奴方面也必将产生一种趋势,即企图离开土地去从事由于当时手工业与商业的发展而出现的其他职业,以摆脱其增重了的负担。因此孟子建议恢复井田制,通过他设想的“正经界”来均分土地,减轻和均平农奴的负担,以此作为解决当时社会经济问题的一种办法。

分配给农奴的所谓“私田”,决不是现代字义上所认为的私人财产。正像欧洲中古时期的奴隶一样,古代中国的农奴也仅仅是得到了那份土地的使用权,作为替领主服一定的劳役,亦即由在公田上的劳动代替了服兵役。而“公田”则很像英国中古史上的领地。无论是“私田”还是公田,实际上都是领主或者说“上等人”的财产,正如孟子所指出的,他们不仅从上级领主那里领有或占有作为封赠的土地,并享有世袭权,而且支配着被孟子称之为“野人”的农奴,而这些农奴的义务就是“养君子”。

井田,像欧洲历史上的采邑一样,显然是封建特权阶级的一种

① 徐中舒:“耒耜考”,《中央研究院历史及语言学研究所集刊》,北平,1930年第2卷第1部分,第58页。

② 万国鼎:《中国田制史》,南京,1933年,第37页。

最基层的管理单位，也是最基层的经济单位。农奴被束缚于土地之上，“死徙无出乡”，“乡田同井，出入相友，守望相助，疾病相扶持”。这样组成的在经济上自给自足的农业组织单位——井田，就是一种村落公社，也就是构成封建社会基本结构的一些细胞。

被封建领主直接或间接管辖的井田数，取决于领主在封建特权阶级中所处的地位。孟子在回答北宫錡所提出的关于周朝的封建爵禄等级制度的问题时，曾经列出了一个长长的单目，这个单目写明了这种等级及其相应的土地数量。不过他又指出，由于当时处于封建制度衰落时期的封建领主，认为这种记载有害于他们的利益因而要加以破坏，所以有关这种等级分封安排的细节就无从得知。①

根据这个单目，“天子之制，地方千里；公侯皆方百里；伯七十里；子男五十里，……天子之卿，受地视侯；大夫受地视伯；元士受地视子男。……耕者之所获，一夫百亩。……”②

像在前文所引用的那样，如果“方里而井，井九百亩”，那么，根据上面的单目，天子则分得有一千块井田，大约八千家农奴在他管辖之下。当然，他还要通过他的大臣们来管理领土，并按照他们的等级，分封一定数目的井田单位给他们。此外，在天子直接管辖的、被称为“王畿”的领土上，还有各种大小不等与重要性不同的封国，这些封国名义上全都从属于天子的宗主权之下，但实际上则由它们自己的统治者，及其一系列等级不同的封建下属自行治理，这些下属的领主同样是按其在封建等级中所处的地位来分得一定数

① J. 莱格（Legge），前引书，第2卷，第373—376页。

② 见《孟子·万章章句下》，《诸子集成》第1集，中华书局1954年版，第403—406页。——译者

量的井田单位。在这种精心建立起来的封建上层建筑的底层，就是它的经济基础——井田单位。其中每一单位都是自给自足的、并蒙受着不断增长的封建剥削负担的农村公社。

如果承认孟子的解释，确实说明了古代中国封建制度的概略情况，也就无需再相信周天子是一个占有整个中国领土的、单一国家的、至高无上的统治者这样一个传统的概念了。周王对分布在整个黄河流域的许多封国，曾经实行过一种松弛的宗主权，就最清楚地说明了孟子在这个问题上的看法是对的。

在未能通过考古或其他途径得到新资料之前，最能说明古代中国土地制度问题的，看来是上面所引用孟子的那部分内容了；而我们在这里的阐述，似乎又是按照这一时期经济史的近代知识，对原文所作的最确切的解释。

四 “沟洫”

井田成了一种农村经济与行政的单位，并构成了中国封建社会的基础。而根据大多数中国学者的传统观点，“沟洫”则是各井田单位之间，以及每个单位内再次分成的 9 个方块土地之间的边界。关于这一系统的最详细的解释，是在公历纪元开始时的《周礼》一书中的叙述，不过这种叙述，明显地是过于理想化了，而且在形式上也太逼真和规格化，以致反而成为不真实的了。即使有类似于《周礼》中所讲的那种“沟洫”系统，那也只能在中国的南部存在。在黄河流域中的古代中国领土上的井田单位的边界，与“沟洫”是不相同的。《周礼》中关于这一系统的说法，大都是由后来的学者基于片断的历史知识和在长江流域所观察到的情况想象而成的。然而，又用不着怀疑，在古代中国的孔子时期或更早一些的历史上，确实存在有井田与“沟洫”；否则，就不会有井田制的称呼，孔子在描写“沟洫”时也无任何根据了。但是，这些“沟洫”的规模必定是局限在某一地区范围之内，而要完成和维护这一事业，没有井田单位的农奴的共同努力，也是不可能的。

五 发展大型水利工程的社会前提条件

在本章前部分①所引用的关于灌溉方面的古典文献中，还没有提到过大型的渠道和灌溉工程。这类工程显然地不会出现在古代封建时期，对于这一点是不难理解的。正如在上面对古代土地制度的研究中所指出的，古代社会的社会—经济组织的状况是：所有的农奴家庭都被束缚在井田单位上，除非废除这种制度，不然就谈不上有任何多余和自由的劳动力。在这种条件下，如果要动员大量的劳动力，势必就要扰乱农村的正常秩序，而领主立即就会感触到这一后果。

到以后，特别是到汉朝以后，情况就大不相同了，那时简直有成千上万的流民流散于乡间，同时对私人所占有的土地，也只是程度不同地规定了最低数额的赋税负担，于是，就不担心因从事公共工程而动员不到农民的危险了。

在这样一种情况——即把动员大量劳动力看成是一件比较容

① 参看本章第二节。

易的和不十分令人反感的事——出现之前，集体性的劳动多半是一种局限于井田单位的地方性的事。在中国古典封建时期，较大的工程即使不能说绝对没有，然而又确实是难于出现的。此外，在这一时期还未采用铁器，效力很差的生产工具和低劣的工程技能，也会妨碍兴建任何大规模的渠道和陂塘工程。

到了战国时期（公元前481—前255年），出现了重大的技术革命和社会革命，终于使中国进入了其历史中的半封建或帝国时期。正如本章的前部分所讲的[①]，由于铁器时代的开始，牛耕的出现和在农耕中日益增多地使用兽肥，以及由此而产生的农业劳动生产力的革命性的增长，就大大地破坏了古代土地制度，并逐渐产生了私人土地所有制。

这一时期可以从公元前594年在鲁国[②]实行按亩[③]征收土地税的制度开始算起，当时，不管土地是属于公田还是“私田”，也不管在土地上实际从事劳动的人是谁，同样都要按这一制度行事。劳动生产力的提高和井田制度的瓦解，使得大量的农奴离开了土地。同时，由于公、“私”田之间差异的废除，以及因为中小地主（或者是中小贵族或者是豪商）不像以往直接由公田取得劳役地租，改而实行了按亩收税的办法，这样，就切断了封建贵族与生产上例行事务之间的联系，消除了他们在农业生产上，因为长期而大规模地实行强制劳动所造成的有害影响。因而，土地制度的革命，就为大规模地动员强制劳动力创造了条件，也有可能从事大型水利工程的建造了。

---

① 参看本章第三节。

② 此事载于《春秋》，参看本章第二节末脚注。

③ 是土地的丈量单位，约为1英亩的1/6。

六　作为封建斗争武器的水利工程

社会经济危机的暴风骤雨，加剧了封建国家之间的倾轧。有意思的是，各国的封建统治者，在与邻国的斗争中，为了扩大本身的势力，都很敏锐地利用水工设施作为一种重要的新式武器。

汉朝著名的治水权威贾让曾说："盖堤防之作，近起战国。壅防百川，各以自利。齐与赵、魏，以河为竟。赵、魏濒山，齐地卑下，作堤去河二十五里。河水东抵齐堤，则西泛赵、魏。赵、魏亦为堤，去河二十五里。"①

明朝学者郑晓（公元1499—1566年），在其著作《古言》中，曾经这样叙述过这一时期的治水活动的情况：

> 至周之衰，井田渐废。侯国争水利者筑堤，以包沃饶之利。避水患者亦筑堤，以邻国为壑。堤日多，水日束，日失其性而致怒，决溢之害不小。②

贾让与郑晓两人在这里所谈到的，就是关于在封建战争中，如何利用黄河上的水工设施作为战争武器的问题，关于在因侵占肥沃的河床土地作为耕地而发生斗争的问题，以及以邻为壑的问题。③

---

① 班固：《汉书》第29卷《沟洫志》，第13页。

② 摘引自傅泽洪：《行水金鉴》第3卷，1725年，第5页。

③ 不管这些工程在兴建时出自何种目的，也不管由于它们带有竞争性而不是协同合力的性质，以及因这种性质所带来的危害，然而在客观效果上，由于在兴建过程中取得了新的经验，便改进了大型水利工程的建造技术。这种技术一旦与人民大众结合在一起，特别在对于治水显得如此重要的中国来说，其历史意义就是难以估量的了。

七　封建中国的人工水道

然而，利用水利工程作为封建战争的武器、最具有意义的是人工水道的建设。当后期封建战争变得愈来愈频繁的时候，为了运送军队，特别是运送粮食，就需要疏浚河道与开挖运河。由于土地制度的革命，各封建诸侯对赋税的征集，以及商业的发展，就打破了地方封建社区的孤立状态，又由于更多的权力集中到了各封建国首领的手中，税谷或进贡谷物也需要运送到权力者所在之地。因为这些缘由，加上商业的需要，就促进了人工水道的建设。

在公元前468年，吴王夫差为了有助于实现其北伐的大计，便开挖了邗沟，这条运河是连接淮河与长江的最早的一条运河。[①] 司马迁（生于公元前145年）[②]所说的鸿沟（后来称为汴渠）的开凿，就是使黄河的水沿着东南方向引出，与宋、郑、陈、蔡等诸侯国连接起来，并沟通了流往楚国的[③]济、汝、淮、泗四水。在西边所开挖的运河，已经扩展到了汉江与云梦之野；在长江下游的吴，已经扩展到了三江[④]、五湖（即现太湖）；在齐国，则沟通了山东省的淄水和济水。在蜀（四川省），太守李冰，则开凿了一条流经成都的运河，把这一地区的航运河道连成了一个整体。

在列举了早期运河建设上所作的这些努力之后，司马迁又特别

---

① 参阅《左传·哀公》，第22页。

② 原文为“生于公元145年”。——译者

③ 这句中的“流往楚国的”5个字应删去。这是由于本书作者对《史记》原文断句错误所致。——译者

④ 据说，在江苏境内的长江下游河道曾分成了3条岔流。

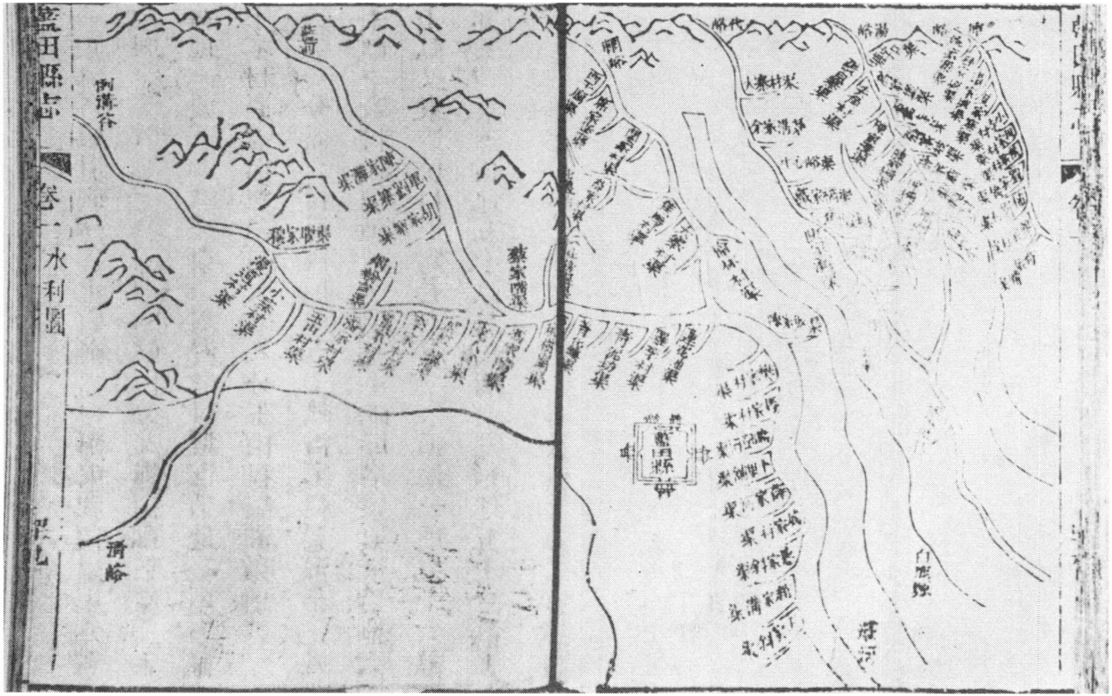

中国北部（陕西蓝田）典型的渠系工程，选自《蓝田县志》

地加以说明:“此渠皆可行舟,有余则用溉浸,百姓飨其利。至于所过,往往引其水益用。溉田畴之渠,以万亿计,然莫足数也。”①

八　最早的大型灌溉工程

安徽省寿县附近的芍陂,是一座以灌溉为目的的最早而又著称于世的大型土木工程。据推测,它是在周定王(公元前606—前586年)时,由楚国令尹孙叔敖兴建的。它灌溉着40,000顷土地,在若干世纪中,一直是这一地区最重要的灌溉工程,在汉唐以后,还经过多次的修理。②

兴修第二个重要大型灌溉工程的荣誉要归于西门豹。西门豹是魏文侯(公元前403—前387年)时魏国的官吏。司马迁讲述过这样的故事:西门豹任魏国白省③④的长官之后,就破除了存在于民间的为河神娶妇的迷信,并惩罚了地方绅士与官僚,因为他们利用这一迷信,与老巫婆一起勒索老百姓的钱财,并借口为河神办理婚事,将特别选定的农民少女淹死于河中。在那时,似乎还普遍存在

① 司马迁:《史记》第29卷《河渠书》,第2—3页。据崔适说,《史记》中的全部《河渠书》,不是司马迁的著作,而是后来的学者从《汉书·沟洫志》中抄上去的,见崔适:《史记探源》(《史记探源》8卷,清朝崔适撰,有宣统二年(公元1910年)刻本,2册。该书称:“此(河渠)书录《汉书·沟洫志》,而去其自郑国渠以下。”——译者)第2卷,第8章;1922年国立北京大学出版部版,第4卷,第18页。不过,对于本论文所引用的这一段史料,两种版本是极相同的就我们的目的来说,即使是抄的,实际上也无关紧要。

② 康基田:《河渠纪闻》第2卷,1804年,第8页。

③ 白省位于河北以南与河南以北的黄河北岸。

④ 此处“白省”的“白”是取用的音译,实际上应为“邺县”,西门豹当时为该县县令。本书作者用“白省”不知根据何在。——译者

着这类关于河神婚事及在婚事中以人作祭祀牺牲品的迷信。一本州《风俗通》的古书,就讲过在四川省的一件类似的事情,说太守李冰为了使农民获得灌溉之利,曾开凿过灌溉渠道,在渠道开挖过程中,李冰曾向这类坏事作过英勇的斗争。① 他②在用智谋成功地破除了这种风俗之后,就动员农民开挖了12条渠道,从漳河③引水入渠来灌溉农田。

记载这一故事的司马迁,说到了农民对这个工程的反映:"田皆溉。当其时,民治渠少烦苦,不欲也。豹曰:'民可以乐成,不可与虑始。今父老子弟虽患苦我,然百岁后期令父老子孙思我言。'"④

对强制劳动(即强制的劳役)的不满情绪,应该说是人民控告西门豹的主要原因。看来,在当时,大型水利事业的建设还是一种新的创举,人民对于它到底能带来多大的利益,还是持怀疑态度的,因而,就更加难以忍受这种强制劳动给他们带来的苦难。

再一个关于大型灌溉工程的可靠记载就是有关史起的工作的记叙。史起任职于魏襄王(公元前318—前296年)时期,襄王是西门豹时期魏国统治者的曾孙。史起在魏王面前批评西门豹未利用河南省的漳河进行灌溉。他说,魏国的其他地方,每个农民都是受田100亩进行耕种,而在邺地却是受田200亩。他认为这是由于邺地土质不好引起的,因此,必须利用漳河水灌溉,借以增产致富。他被魏王任命为邺令后,就开挖了渠道,并治理了漳河,使河内(在河南省,黄河以北)收到了灌溉的效益并且富裕起来了。

---

① 参阅《史记》第29卷《河渠书》第2页中所记载的关于这一事的说明。
② 仍指西门豹。——译者
③ 原文为黄河。——译者
④ 司马迁:《史记》第126卷《滑稽列传》,第12—15页。

于是人民称赞他说:“邺有贤令兮为史公。决漳水兮灌邺旁,终古舄卤兮生稻粱。”①

在早期水利事业发展的整个时期中,到郑国渠竣工时便进入了高潮。这一工程始建于公元前246年,就是这一年,确立了后来称为秦始皇的王位。这个时期正处在由封建的战争时期向统一的半封建帝国过渡的阶段。关于这一工程的细节,将在下一章说明,这里只是先提一下。

随着泾水流域变成肥美与富饶的农田,郑国渠也就为秦国的强盛和使陕西中部成为中国的第一个基本经济区奠定了物质基础。对这一地区的控制,就为秦国征服其他的封建国家提供了有力的武器。②

秦统一中国,在中国历史上开创了一个新纪元。以后,在二十个世纪中,公共治水工程的发展,在中国政治上统一与分裂的过程中,起了极为重要的作用,且大大地促进了经济重心由黄河流域向长江流域的转移。

九　治水的公共职能

前面所叙述的古代中国治水情况,揭示了这样一个重要事实:像这类大规模的事业,一开始就起到了国家的公共职能的作用。而大型的治水事业,几乎无例外地都属于公共工程。这一事实就

---

① 班固,前引书,第29卷《沟洫志》,第2页。

② 参看第五章第一节。

使得人们理所当然地认为,这些工程是中国治水系统的不可缺少的部分。然而,除非清楚地讲明了这些工程对国家的利害关系及其所发挥的作用,不然,就永远不能充分领悟到治水发展在历史上的与社会—经济上的重要意义。卡尔·马克思(Karl Marx)在回答关于东方的问题时曾说:

> 节省用水和共同用水是基本的要求,这种要求,在西方,例如在弗兰德和意大利,曾使私人企业家结成自愿的联合;但是在东方,由于文明程度太低,幅员太大,不能产生自愿的联合,所以就迫切需要中央集权的政府来干预。因此亚洲的一切政府都不能不执行一种经济职能,即举办公共工程的职能。①

马克思所说的意思是,当弗兰德和意大利在商业资本已经达到了一个高水准的基础上,为发展灌溉而产生自愿联合的时候,在东方,要取得同样的发展,就显得文化"太低"了。在中国,由于居统治地位的地主官僚的阻挠,商业资本的发展,多次被扼杀于摇篮之中。这些地主官僚总是把每一项重要的有利可图的企业,及时地宣布为国家所有,同时,当感到处于萌芽状态的商业阶层有危及其利益的时候,就要把这些阶层纳入到他们的集团之中去。

于是,在民间或者说在社会中的非官僚部分,就没有充分的资本了,同时,也就失去了进行任何大规模的自愿联合,包括大量资本支付的基础。所以,最大的能共同合作的单位就是村落,而且几

① 中译本见《马克思恩格斯选集》第 2 卷,人民出版社 1972 年版,第 64 页。——译者

乎任何一项为单独村落的能力所及的企业，也还需要有地方官吏的干预，还要由他给这种强制的劳动规定任务，由他管理这些地方工程，以及同在用水方面相对抗的村落制定用水的协议。①

十　官吏的治水任务

清朝著名的治水权威之一康基田在他的记事中，曾经谈到地方官吏在治水任务方面的重要性。他说：

> 至疏内地之渠，使同沾溉，费重而难善其后，官既不能无累于民，使民自为之，非一人一家之事，易起争端，力常苦于不继。②

生于清朝初期的学者与官吏顾士琏的一篇文章，也涉及地方官吏在灌溉与排水方面的任务。这篇文章谈到了作为一个好的官吏，应该承担什么样的治水任务。文章指出了一定地区的生产能力同地方官吏的努力有密切关系。其中说道：

> 守令为亲民之官，水旱皆切身疴痛。百里内外，河渠堤防，可日涉而知。岁当农隙，守令巡行郊野，询疾苦，省勤惰。相原隰，问通塞，稽斗闸。何利当兴，何害当革，何处成熟，何

① 有意义的是，在元、明、清时期，在山西省，商业资本很发达，私人建造的水利工程也较多。

② 康基田，前引书，第4卷，第12页。

处抛荒。有关国计民生，须一一留心筹算。……①

而地方官吏却存在有回避这种重大职责的倾向；宋代有名的官吏兼学者范仲淹（公元989—1052年）在同宰相论及“水利”的信简中谈到了这一问题。他指责地方官吏推卸其职责而更多地依赖了朝廷，他还特地讲到，“畎浍之事，职在郡县；不时开导，刺使县令之职也。”②然而，当工程的范围包括数县时，或者当费用大到使上级官吏有了参与其事的热情时，这些工程就得由地方高级长官乃至由专门设立的国家机构来监督。

国家发布诏令，不是鼓动治水工程的加速进行，就是命令兴建特定的工程。例如，在封建徭役制度下，要开凿一条需要上万人劳动的运渠，通常都发布皇帝的诏令，并由皇帝任命的专职大员监督执行。特别是在明、清两代的治理黄河大堤的工程，都是由官僚阶层中特别指定的高级官吏主持的。

在明朝，一个高级官吏在他的一份评论中，曾经反映出官吏们认为他们这个既繁重而又困难的任务之严重性。其中讲到：“筑堤如筑边，守堤如守边。”③马克思所讲的幅员广阔，自然也就是指这会加重任务的困难。原因应该是很明显的，因为这样重大而又艰巨的工程，远远超出了农民或个体商人的能力。除非利用集中的资源和国家的权威，不然是不能完成的。

马克斯·韦伯（Max Weber）曾经对人民大众之依赖于官僚的制度，作过如下的说明：

---

① 顾士琏：《水利五论》，第5页，《娄东杂著》之一部分。

② 《苏州府志》（1881年版）第9卷，第4页。

③ 《河南通志》第14卷，第19页。

> ……在埃及、西亚、印度与中国的文化发展中，灌溉起了决定性的作用。而水的问题，又决定着官僚制度的存在和依附阶级的强制服役以及被统治阶级对君主的官僚制职能的依赖。①

而韦伯未能说明这样一个重要问题，即官僚制度的职能取决于统治集团的政治目的，远过于一般所认为的对人民大众的义务感。

① 马克斯·韦伯（Max Weber）：《经济通史》（*Genertal Economic History*），伦敦：乔治·艾伦和昂温有限公司1927年版，第321页。

第五章　作为基本经济区的黄土地区与黄河中游

正当中国在公元前三世纪结束古典封建时期，秦始皇征服各国并使整个中国置于单一的统治之下的时候，中国也就第一次形成了统一的局面。[①] 秦国是在泾水和渭水流域（即现今中国北部黄土地区的中心——陕西省一带）逐渐强盛起来的。司马迁曾意味深长地把秦国这种成功的秘诀归因于在泾河流域发展了灌溉事业，特别是因为在公元前246年[②]（即秦始皇统一全国之前的26年）开凿了郑国渠。

一　秦与郑国渠

关于郑国渠的故事，是一件似非而是的事；但是，在动荡的大变革时期，在统治者之间，发生这类事情，也并非偶然。在《史记·

① 参阅顾颉刚：《古史辨》第2卷，北平，1930年，第1—16页。

② 司马迁，前引书，第15卷《六国表》，第425页。该表称这一年为"始皇帝元年"。这里指的是那个被称为"政"的人（他后来成了始皇帝）登位并成了秦王的第一年。历史学家把这一年记为乙卯年。这个乙卯年是公元前246年，而不是政成为皇帝时的公元前221年。

河渠书》中[1]，是这样讲这个故事的：

韩闻秦之好兴事，欲罢之，毋令东伐，乃使水工郑国间说秦，令凿泾水，自中山[2]西邸瓠口为渠，并北山，东注洛[3]三百余里，欲以溉田。中作而觉，秦欲杀郑国。郑国曰："始臣为间，然渠成亦秦之利也。"[4]秦以为然，卒使就渠。渠就，用注填阏之水，溉泽卤之地四万余顷，收皆亩一钟。于是关中为沃野，无凶年。秦以富强，卒并诸侯，因命曰郑国渠。[5]

从当时的历史背景来考察这个故事，就会明白，这个工程开始时所处的微妙的环境并不是偶然的。韩国的统治者之所以采用这种计谋来愚弄秦国，表明在那时，还从未有过这种大型灌溉工程的实践；还表明，各封建国的统治者，对于这个工程究竟能否完成，也说不出个所以然。所以，韩国的政治家就自然想到了这个以热衷于改革著称，但又经验不足的暴发户秦国，会容易在修建庞大灌溉渠道这件事上受骗的。

秦国虽然中计，但未必会吃什么亏。为建设这一工程，尽管曾役使了成千上万的达到服役年龄的农业劳动力，这虽有碍于已经强大了的秦军队伍的扩大，并且在工程施工期间，秦国征服别国的

① 司马迁，前引书，第29卷，第3页。

② 现陕西省泾阳县。

③ 现陕西省凤翔县的漆水与沮水。

④ 在《汉书》中是这样引用司马迁的《史记》内容的：

"'……臣为韩延数岁之命，而为秦建万世之功。'秦以为然。……"班固，前引书，第29卷《沟洫志》，第3页。

⑤ 司马迁，前引书，第29卷，第1页。

力量可能也略有减弱。但是,这个庞大的灌溉系统一旦完成,就会像血管布满人体一样地遍及秦国的领土(今陕西省),秦国的粮仓也一定会充实起来,司马迁把发展灌溉与秦国的成功这两件事直接联系起来了。可见他理解到了提高生产力的重要意义之所在。而韩国因忽视了这一基本的历史事实,也就难免于灭亡。

若干世纪以来,郑国渠为陕西中部地区的灌溉系统打下了基础。它使陕西中部成了中国的基本经济区。事实证明,经过秦国的经营管理,郑国渠成了征服其他国家的一种强有力的武器。但是又要看到,对基本经济区的控制,只能看成是在物质上取得了一种优越性,只能看成是获得了一种成功的条件;因为这既不能确保获取胜利,也不保险能战胜在暂时胜利之后所遇到的挫折。因为政治的与社会经济的原因可能导致起义运动的发生,甚至将统治者赶出基本经济区并取而代之。

在秦国发生的情况就正是这样。① 中国历史上第一次把私人土地所有制合法化,并把国家在郡县制基础上组织起来的秦朝,从古典封建主义的枷锁中把新兴的私人地主阶级解脱出来,因而加快了农民间阶级分化的过程,增加了对于实际耕种土地的劳苦大众的压力。结果就使得成千上万的农民,在始皇帝时期,被剥夺了

---

① 当历史进展到公元前350年即秦孝公十二年时,井田制就正式宣布废除,土地买卖合法化了,而秦国在行政上则分成了41个郡县,每一郡县由皇帝指派一人统治。两年之后,即公元前348年,就开始实行土地的"赋"租制了。司马迁,前引书,第5卷《秦王本纪》,第22—23页;第68卷《商鞅传》,第4—5页。司马迁没有明确地叙述井田制的废除,但是在班固前引书第24卷《食货志》第7页讲到了。又:一般所说的41郡,当不包括秦都成阳附近的内史。清朝王国维提出应补7郡,即共48郡(见《观堂集林》卷12"秦郡考")。谭其骧对王的提法加以修正,提出只应加5郡,即共46郡(见《浙江学报》第2卷第1期)。(以上摘自《学术月刊》,1957年第2期,章巽:"秦帝国的主要交通线"。)——译者

借以生存的土地；而由剩余劳动者组成的军队，则从事对于统治集团很有吸引力的大型土木工程的建设，例如阿房宫与长城，同时还从事向外征服诸如反对鞑靼人的扩张战争。其结果是众所周知的。一次强有力的人民群众的起义，与那些由各灭亡国的贵族及其随从组成的反秦运动，同时并起推翻了秦的统治；又经过不同派系的反秦集团之间几年的斗争之后，汉朝（公元前206—公元220年）作为一个统一中国的新统治者出现了，它把从秦朝那里取得的基本经济区——关中，作为其政权的地理与经济基础。

二　关中与汉朝的兴起

秦朝灭亡之后，汉朝的创始者刘邦，全靠他对关中的控制，才得以最终战胜其强有力的对手楚国的项羽。刘邦精明地委托其主要政治助手萧何经营这个基本经济区，在战争最紧急的关头，萧何曾为汉军提供了稳定而丰富的供应。萧何的同辈对他所作的工作给予了很高的评价，汉朝建立之后，在朝廷中讨论刘邦的各个主要支持者的功绩时，萧何被评为第一名。

与萧何同时代的显官鄂千秋是这次讨论的发起人，他对于为什么要给萧何作这种评价的原因，有过明晰的叙述。他说："夫汉与楚相守荥阳数年①，军无见粮。萧何转漕关中，给食不乏。陛下虽数亡山东，萧何常全关中待陛下，此万世功也。"②

---

① 是3年。见司马迁，前引书，第130卷《太史公传》，第20页。

② "万世"这句中国箴言，意指无限长的时期。班固：《汉书》第39卷《萧何传》，第4页。

刘邦集团中最杰出的谋士张良，也承认关中地区在和平与战争时期中，都具有重要的意义。他把关中描写成“沃野”①，并讲到：“南有巴蜀②之饶，北有胡苑之利，阻三面而固守，独以一面东制诸侯。诸侯安定，河、渭漕挽天下，西给京师；诸侯有变，顺流而下，足以委输。此所谓金城千里，天府之国。”③在这个分析的基础上，张良便建议把首都定在关中。

在汉朝，关于关中地区在经济上的优越性，司马迁给了我们一个相当确切的概念，他说：“故关中之地，于天下④三分之一，而人众不过什三；然量其富，什居其六。”⑤

三　汉武帝时期的水运与灌溉

然而，统治政权又从来都不是单靠基本经济区的供给以维持其生计的。每当国家在保持了一个时期的统一与和平之后，统治集团的奢望也发展了：用商品货物去满足其增长着的需要的要求增加了；征服邻近领土的欲望也增加了；而更为迫切的是需要有岁收的新来源。

前汉时，向首都贡纳谷物的补充地区是黄河流域下游，⑥在汉

① 唐朝注释家颜师古说：“沃者灌溉也，言其土地皆有灌溉之利。”见班固，前引书，第40卷《张良传》，第8页。

② 由于在秦朝因李冰建造了一项大的灌溉工程而得以开发，见后。

③ 班固，前引书，第40卷《张良传》，第8页。

④ 指中国。

⑤ 司马迁，前引书，第129卷《货殖列传》，第7页。

⑥ 这一地区被称为关东，包括山西南部、河南北部与山东西部。

初，每年贡纳谷物几十万担①，而到了公元前 110 年，则增加到六百万担的惊人数字。② 于是，关中地区农业生产和黄、渭的水运问题的忧虑，便降临在当事者的眼前了，而在汉武帝时期（公元前 140—前 87 年），更为严重。

公元前 134 年至公元前 131 年期间，大司农郑当时曾建议开凿一条连接首都长安与黄河的三百余里长的渠道，这一渠道可以缩短 2/3 的漕运距离，旅途所需时间也可减少一半。③

在提出这个建议的时候，大司农就周到地指出了这一工程有着双重的作用，这种作用也是中国大多数治水工程普遍具有的特征。他说，除了运输以外，这条渠道还能使“渠下民田万余顷，又可得以溉田”。他最后说：“此损漕省卒，而益肥关中之地得谷。”④武帝采纳了这个建议，并指派齐地的水工徐伯表负责兴建。据历史记载，为完成这一工程，曾经征调了“卒数万人”⑤，三年竣工。

约在同一时间，河东（指黄河以东，即今山西省）太守番系，提议建造一条引汾水灌溉皮氏（今山西河津）和汾阴（今山西荣河），同时还引黄河水灌溉汾阴与蒲坂（今山西永济）的渠道。

为了论证他的建议的正确性，这位太守说：“漕从山东西，岁百余万石，更砥柱⑥之限，败亡甚多，而亦烦费。……度可得五千顷。

① 班固，前引书，第 24 卷《食货志》，第 8 页。

② 司马迁，前引书，第 29 卷《平准书》，第 18 页。

③ 司马迁，前引书，第 29 卷《河渠书》，第 4 页。大司农说：“异时关东漕粟从渭中上，度六月而罢，而漕水道九百余里，时有难处。引渭穿渠起长安，并南山下，至河三百余里，径，易漕，度可令三月罢。”

④ 司马迁，前引书，第 29 卷，第 81 页。

⑤ 同上。

⑥ 位于山西省界处的黄河河道中的一种石礁。

五千顷故尽河壖弃地，民茭牧其中耳，今溉田之，度可得谷二百万石以上。谷从渭上，与关中无异，而砥柱之东可无复漕。”①

武帝采纳了这个计划，并派遣了几万士兵开挖了这条渠道。几年之后，由于河道的变迁，致使渠道废毁，最后，被开拓的全部土地亦重归荒芜。

武帝初期所建造的这两项治水工程，从根本上说来，是为了解决运输问题，了解到这一点很重要。对于一个以调拨与集中漕粮为宗旨的国家来说，这样作也是自然的。只有当政府越来越缺乏粮食的时候，只有当由于过分的掠夺与生产的低下，迫使农民不得安宁并要起来造反的时候，才会因为要解决这些问题而指望发展生产，才会去着手发展灌溉工程，并把它作为首要关切的任务。

四 汉武帝关于灌溉的诏令

公元前 111 年，武帝发布了诏令，表明他对灌溉事业的重要性是确信无疑的。诏令说：

> 农，天下之本也。泉流灌浸，所以育五谷也。……名山川原甚众，细民未知其利，故为通沟渎、畜陂泽，所以备旱也。②

这一诏令是因为接受了左内史儿宽的奏疏而发布的，他建议

① 司马迁，前引书，第 29 卷，第 81 页。
② 班固，前引书，第 29 卷《沟洫志》，第 7 页。

为郑国渠开六条辅助渠道，以灌溉郑国渠傍高仰的田地。[1] 在这一诏令中，武帝提出了中国农业生产的基本问题，这就是：要合理地利用水与管理水；同时还要承认国家在生产方面的主要经济职能，就是建造与维护公共治水工程。恰切地理解这两个问题，是一个有作为的中国政治家不可缺少的条件。

五　防洪与基本经济区

在开凿六辅渠的时候，黄河在河南与山东已经泛滥了一段时间，瓠子决口亦未予堵塞。武帝不把主要精力集中于显然更为重要的黄河堵口任务上，而准许优先去开凿六辅渠，这一事实，激怒了清朝的一位历史评论家康基田，他批评武帝不顾黄河堤岸失修，也不顾 5 或 10 郡人民生命财产的安危，而热衷于搞“一隅之利”的事业。[2]

康的批评，从人道主义的理由来说，完全是正当的，但也暴露了他对基本经济区在半封建中国中，对经济政治的枢轴作用是一无所知的。诚然，六辅渠只是“一隅”之利，但是，那是重要的一隅，重要到足以能看成是基本经济区。受洪水破坏的这 5 或 10 郡，也许有较多的人口和较广的耕地，但这些地方与首都相距太远。在武帝采纳开凿六辅渠的计划时，他对这两个地区两项水利工程的利害关系所作的估价，表明了他对基本经济区的重要性有着多么

① 这　奏疏被采纳，渠道也开挖了。

② 康基田：《河渠纪闻》第 3 卷，1804 年，第 8 页。

深切的理解。

为了加强关中的经济地位，武帝还开通了连接相距约100里的褒水与斜水的褒斜道。按照原来的意图，是想将漕粮由汉水流域的南阳，经沔水运到褒水，然后由褒斜道陆转至斜水，最后经渭水运至首都。路倒是修成了，但因在河道中出现大量的漂石而不能通航。

除了这次对汉水流域的开发遭到失败之外，皇帝对龙首渠①的建造也失望了。龙首渠是一项有上万士兵参加兴建的、利用洛水进行灌溉的工程。不过“作之十余岁，渠颇通，犹未得其饶”②。在这两项工程都遭到失败之后，武帝就将其注意力转向了位于瓠子口处的黄河堤防，而且在他的亲自督促下，最后终于堵住了决口。这是在堤防溃决20年之后的一次成功的修复，并被后来的历史学家誉为一次重大的成就。

皇帝个人在这一堵口工程中所起的作用，以及为庆祝这一成功所出现的隆重场面，这些，就理所当然地使得国家机关深深地感到作为公共职能的水利工程的建设是多么的重要。

六　西北与淮水流域的灌溉工程

“自是之后”③，引用历史学家班固的话说，“用事者争言‘水

---

① 原文为龙骨渠。此渠虽因在开挖中掘出了远古时期的龙骨化石而命其名，但通称“龙首渠”。——译者

② 班固，前引书，第29卷《沟洫志》，第5页。

③ 即瓠子堵口之后。——译者

利'。朔方、西河、河西、酒泉,[1]皆引河及川谷以溉田。而关中,灵轵、成国、湋渠引诸川。汝南、九江引淮,东海[2]引钜定,泰山下引汶水,皆穿渠为溉田,各万余顷。它小渠及陂山通道者,不可胜言也。"

这些灌溉工程所遍及的范围,是很有意思的。在西北,农业垦殖事业已经发展到了现今的甘肃、宁夏和绥远省[3],而在东南,渭水和淮河流域也得以开发[4]。毫无疑问,这就为这些地区迄至汉末为止的进一步发展打下了基础。

七 白渠及其他工程

然而,在这一时期的最大的成功,要算位于关中基本经济区心脏部分的白渠。它是在当时已被淤塞,而且实际上已不发挥作用的郑国渠的基础上改建而成的。白渠是在郑国渠开凿 106 年之后和六辅渠建造 16 年之后即公元前 95 年,在白公的建议之下开挖的。

它在靠郑国渠起点的上游处的谷口(今泾阳县)引取泾水。它以比前者为陡的坡度,在栎阳[5]注入渭河。该渠约长 200 里,灌溉 4,500 余顷土地,并因其发起人白公而命名白渠。有一首民歌,讲到了人民为歌颂这条渠道给他们带来了幸福。后来这支歌就成了

---

① 这些地方都位于黄河北岸的甘肃、宁夏和绥远省。

② 兖州,山东省。

③ 汉渠尚有遗迹可寻。见《朔方志》第 2 卷,第 7 页;欧阳缨:《各省地图集》第 1 辑,图 35,宁夏灌溉部分,武昌,1933 年。

④ 这些流域,在此前的春秋战国时期,就大大地开发了。

⑤ 见康基田,前引书,第 3 卷,第 12 页。

一首最为古雅的杰作，为后来的著作家，作为灌溉事业能产生有益效能的例证而经常引用或传述。歌词是："田于何所？池阳、谷口。郑国在前，白渠起后。举臿为云，决渠为雨。泾水一石，其泥数斗。且溉且粪，长我禾黍。衣食京师，亿万之口。"①

上述的关于武帝时期的治水发展的大部分资料，都可以从班固的《前汉书·沟洫志》中找到。司马迁的《史记》，也有着类似的内容，但不完全。在《史记·平准书》中，司马迁还记述了连接首都长安与华阴的直渠以及朔方的由"数万人"开凿的大型渠道。这两项工程都进行了两三年，"功未就，费亦各巨万十数"②。

司马迁认为，由于以上原因和其他类似的开支，造成了武帝时期在财政上的困难，以致不得不发行"鹿皮"货币③。难怪在武帝之后，汉朝的治水工程，不管是由中央政府直接出面兴修的，还是经中央政府批准在其监督之下兴修的，其规模再也不是很大的了。在武帝之后，鉴于中央政府没有能力对较大的公共治水工程提供资金，关中地区的灌溉事业也因而被忽视，并引起了基本区的经济衰退。

八　武帝之后的淮河与汉水流域的水利事业

然而，武帝之后，在一些有作为的地方官吏的倡议下，出现了

① 班固，前引书，第29卷《沟洫志》，第8页。

② 司马迁，前引书，第30卷《平准书》，第6页。

③ 据《史记》第30卷《平准书》有："乃以白鹿皮方尺，缘以藻缋，为皮币，直四十万。"——译者

一批引人注目的地方工程。很有意义的是，这些工程大部分都集中在汉江的北部支流和淮河的上游，即今河南省；这就意味着将要出现一个能与正在衰退着的关中经济霸权相抗衡的经济区了。在公元前38年至前34年间，南阳（河南南部）太守召信臣曾下令，要在汉水北部的一条大支流淯水上砌石筑坝壅水，结果建成了钳庐陂。又在坝旁开了六道石砌的水门，以控制用水。这个水库的灌溉面积，总计有二万顷。[①]

这项工程在中国史册上，是由于它首次建立了用水管理制度而著称，其创始人召信臣也因此被誉为中国用水管理之父。除了这一具有历史名声的工程之外，大约在同一时期，还有许多其他的水库与水坝，分布在整个河南南部的广大地区之内。[②] 在《汉书》中还记载了被称为鸿隙大陂的蓄水工程，这一工程使位于河南东南与安徽西部的汝南郡成了富裕的地方。[③]

九　河内的防洪工程与河内的开发

中央政府对关中地区灌溉事业的发展忽视了，而有事业心的

① 参阅班固，前引书，第89卷《循吏传》，第14—15页。

② 参阅康基田，前引书，第3卷，第16页。

③ 在丞相翟方进的建议下，成帝（公元前32—前7年）下令决毁了这个水库，以后失修并导致了水灾。在翟去世以后，从前曾受益于这个水库的乡里，就谴责翟出于恶意，横蛮无理地决毁了这个水库，因为在水库所在地并没有看到他许诺的良田。到了王莽（公元9—23年）时，这里常遭旱灾，则更加怨惜翟，甚至在农民中间还唱起了一首谴责他的歌谣。（这首歌谣是："坏陂谁？翟子威。饭我豆食羹芋魁。反乎覆，陂当复。谁云者？两黄鹄。"见《汉书·翟方进传》。子威是翟方进的字。——译者）

地方官吏，便沿着汉江的北部支流及淮河上修建了若干灌溉工程。与此同时，历史还记录了黄河下游广为发展的防洪工程。班固《汉书·沟洫志》中的大部分内容，如实地记述了在朝廷中议论黄河防洪问题的详细情况。[①] 从这些议论中，特别是从贾让向皇帝提出的奏议中，我们可以看到那一时期，在现今河南省一带的水利发展与农业兴起情况之一斑。在哀帝（公元前6—前1年）的诏令下，贾让起草了他的奏议。下面就是他在奏议中所描述的当时河南北部复杂的防洪情况：

……今堤防陿者去水数百步，远者数里。近黎阳南故大金堤，从河西西北行，至西山南头，乃折东，与东山相属。民居金堤东，为庐舍，〔往〕十余岁更起堤，从东山南头直南与故大堤会。又内黄界中有泽，方数十里，环之有堤，往十余岁，太守以赋民，民今起庐舍其中，此臣亲所见者也。东郡白马故大堤亦复数重，民皆居其间。从黎阳北尽魏界，故大堤去河远者数十里，内亦数重，此皆前世所排也。河从河内北至黎阳为石堤，激使东抵东郡平刚；又为石堤，使西北抵黎阳、观下；又为石堤，使东北抵东郡津北；又为石堤，使西北抵魏郡昭阳；又为石堤，激使东北。百余里间，河再西三东，……[②]

贾让之所以要在其奏议中写上当时河南北部与河北南部的状况，是为了说明在河道上如果设有多余的堤防，就会增加防洪的困

① 这些记载中丰富多彩的、有关防洪技术问题的讨论，不属于本书的范围。
② 班固，前引书，第29卷《沟洫志》，第13—14页。

难。而且上面所讲的复杂的堤防系统,其本身也要有足够的抵御洪水的能力。贾让在同一奏议中指出:“今濒河十郡治堤岁费且万万”,可见这些工程的庞大程度了。

当想到黄河下游的治水问题,不单是一个运渠的开凿问题,而且还是一个防洪与排水问题时,那么,对标志着这一地区经济发展程度的精心建筑的堤防的重要意义,也就容易理解了。关中对运河开凿的忽视,由于黄河泛滥而出现的精心建筑的防洪工程,以及河南的开发,这一切就标明了经济政治的重心已经转移,标明了河内(即现今的河南北部,河北南部与山东西部)在前汉(公元前206—25年)末期,已由原来的次要地位上升为主要的基本经济区,从而取代了关中的地位。

从贾让所揭示的黄河堤防的紊乱状况,就可看出地方官吏的势力,已经不听从中央的调配了。因而,随着这个地区经济地位的不断提高,地方统治者的政治力量似乎也在增长。虽然不是在名义上,然而在实际上,已不同程度地脱离了关中的中央权力而独立了。

十 河内与后汉的建立

后汉(或称东汉)王朝的创立者刘秀,对主要基本经济区由关中向河内转移的意义是深有领悟的。在出征作战的关键时刻,刘秀以其政治家的谋略夺取了河内,并指派他最可信赖的部下寇恂为该地太守,并行使大将军的职务。

刘秀把河内一事委任给寇恂时对他说:“河内完富,吾将因是而起。昔高祖[1]留萧何镇关中，吾今委公以河内，坚守转运，给足军粮，率励士马，防遏它兵，勿令北渡而已。”[2]

当刘秀同一些曾经反叛过王莽（前汉或西汉，与后汉或东汉之间的篡权者，其统治时期为公元 9—23 年）的敌对集团，经历了一段为时不长的军事对垒并统一了全国之后，他就选定位于黄河下游的洛阳而不是渭河流域的长安作为首都。[3] 这一变化很有意义。虽然关中在经济上仍然很重要，但是，黄河流域下游以及汉水与淮河流域，已经注定要在中国历史上起到日益重要的作用了。

十一　淮河流域的两个蓄水工程

从公元 25 年到 220 年统治中国达 196 年之久的后汉，并不以治水成就著称。与司马迁的《史记》和班固的《汉书》相比，范晔的《后汉书》就未单独编入有关治水内容的“书”或“志”。不过这些内容从范晔这一著作的其他地方，以及通过其他的途径还是能搜集到一些的，因而对这一时期的发展趋势，也就可以有一个大致的了解。

在前汉末年，就已经着手继续恢复河南南部及淮河流域的灌溉工程了。据《王景传》，王景在公元 78 年至 83 年任庐江（在安徽省）太守期间，就重修了据说是在春秋时期（公元前 722—前 481 年）为孙叔敖首创的芍陂。于是境内获得丰收。王景还教农民使

① 即刘邦，汉王朝的创立者。

② 范晔:《后汉书》第 16 卷《寇恂传》。

③ 与建都在长安的西汉相区别，历史学家称此朝为东汉。

用牛耕。[①]

在公元198年[②]，广陵（安徽省之南与江苏省之北）太守陈登建造了一个陂塘，这一陂塘由沿寿县（在安徽省）以东所筑的一系列堰坝进行调节，萦纡90余里，汇集了出自西北山区的36条水道的水流。它可以灌溉一万余顷田地。[③] 但是，这还不是淮河流域高度发展的时期，因之，还要在下一章加以讨论。[④]

十二　两汉时期的基本经济区

就两汉时期说，农业生产的中心仍然是在淮北。安帝在公元115年发布的一个诏令中，偶尔说出了大力发展农业的全部计划，因而也透露了他所控制的最富裕的地区。在诏令中，他命令宰相和太守修理三辅（陕西中部）[⑤]、河内（河南北部）、河东（山西南部）、上党（山西东南部）、赵国（山西中部、西部与河北中部、东部）和太原（山西中部）的旧渠与水道。[⑥]

换句话说，安帝发布这份诏令，就意味着他特别关注这个国家心脏地区的生产与运输机能。虽然西汉着重发展关中，而东汉则更多地将其注意力集中于河内，但是，包括泾水、渭水和汾水流域，

① 范晔，前引书，《王景传》第106卷，第8页。

② 原文为189年。——译者

③ 康基田，前引书，第4卷，第19—23页。

④ 见第六章第三节。

⑤ 汉朝统称左冯翊、右扶风、京兆尹为“三辅”。左冯翊管辖今陕西关中东部及商洛地区；右扶风管辖关中西部地区；京兆尹管辖京师长安。——译者

⑥ 范晔，前引书，第5卷《安帝纪》，第11页。

以及黄河的河南—河北部分在内的这一整个地区，却构成了一个基本经济区，这一基本经济区，是从公元前 206 年到公元 220 年整个两汉时期的主要供应基地和政权所在地。

第六章　由黄河流域向长江流域的转移

继东汉之后，便进入了三国时代（公元220—265年）；三国期间相互争斗的五十年，是半封建时代的第一个持续分裂时期。三国时代是由于中国社会的各种内在力量而导致分裂的一种典型情况，它不同于后来其他的分裂时期，后来的分裂，因为同时有游牧者的入侵而复杂化了。

导致这次分裂的物质的与根本的因素，是几个对立竞争的经济区的兴起。这些经济区的生产力及其位置，能足以使它们成为同统治主要基本经济区的君主的权威，作长期抗衡的基地。蜀（或称四川红色盆地）的日益成长，和长江下游吴的新兴昌盛，就属于这种情形。这样，便产生了力量均衡的三国时代。

一　治水与四川

自秦昭襄王（公元前306—前251年）由秦（陕西）移民至巴蜀之后，蜀（或四川）就在中国历史上取得了重要的地位。[1] 随着蜀的移民，就出现了规模相当庞大的灌溉系统，这个灌溉系统为这一地

① 参阅班固，前引书，第39卷，第2页。

区的繁荣打下了基础。秦的官吏李冰，享有四川“灌溉之父”的称誉，他的事绩被中国史学家看成是不朽的成就。

这个灌溉系统的主要工程是灌县的都江堰，它把岷江分成了两条水道，而每一条又支分成很多较小的渠道。① 这些渠道最初是为着运输的目的而开凿的，但是，一旦开凿成功，也就广泛地应用于灌溉了。“溉田畴之渠，以亿万计。”②于是成都平原便号称为“陆海”③。

都江堰与其有关渠道给人民所带来的利益，并不限于航运与灌溉。在元朝的一块石碑上就明确地声称：“缘渠所置碓、硙、纺、织之处，以千万数，四时流转而无穷。”④

可以毫不夸张地说，成都平原的富饶及其在经济上能自给自足，就是因为发挥了这一水利系统的作用。在接近前汉的末期，四川已经变得很富裕，以致从公元25年至36年，占领这一地方的军事首领公孙述，得以比其他任何敌对集团更久一些地抗拒了刘秀想统一全国的意图。在三国时期，成都平原又成了蜀汉的基地，使之能同在中国北部与中部的敌人相持近五十年之久。

二　汉朝时期长江流域的原始性

司马迁曾这样描述过长江下游（即通常所指的楚越之地）的特征：

> 地广人稀，饭稻羹鱼，或火耕而水耨⑤，果隋蠃蛤，不待贾

---

① 参考《四川通志》第1卷，第11—13页地图。

② 康基田，前引书，第2卷，第32—33页。

③ 同上。

④ 《元揭徯斯蜀堰碑》，《四川通志》第13卷，第27页。

⑤ 武帝曾经在一个诏令中叙述过江南（长江以南）的耕作形态。见司马迁，前

而足，地势饶食，无饥馑之患，以故拘窳偷生，无积聚而多贫。是故江淮以南，无冻饿之人，亦无千金之家。①

这段值得注意的叙述，实际上指明了为评价这一地区经济发展情况所需要的基本论据，它清楚地表明，汉朝的长江流域，人口稀少，农业原始，无货物交换，也没有许多阶级分化的迹象。

柳诒徵教授的研究指出，在东汉时期，湖北省的黄州和德安附近，甚至在安徽省的一些地方，都有大量的很原始的"南蛮"②。甚至在三国时期，在武陵（今湖南常德）的许多县还居住着"蛮人"③。三国之一的东吴（公元229—265年）的创立者孙权，就曾经迫使境内居住的蛮人当兵，以弥补因人口稀少而带来的兵源不足。④

然而，一旦有了从北方迁来的带有先进农业技术装备的大量移民，就可以充分地利用长江流域无与伦比的肥沃土壤建成一个孙权——他曾迫使黄河流域和成都平原的势力不得不以平等的地位来对待他的政权——指导之下的独立王国。

三　三国鼎立中作为斗争武器的水利事业

诚然，在三国时期，军事上的战役，是三国鼎立斗争中最为惊

引书，第30卷，第12页。在其《集解》中说明了这种原始的农业形态，就是用烧草、灌水，并约在同一时间下种的办法来开垦近乎处女地的土地。这种农耕方式在安南（即越南——译者）的某些地方仍然流行。

① 司马迁，前引书，《货殖列传》第129卷，第9页。

② 柳诒徵：《中国文化史》第1卷，南京，1932年，第389页。

③ 陈寿：《三国志》第3部分《吴志》第2卷，第9页。

④ 刘可毅：《九通通》第19卷，第13页。

心动魄的场面。但是，在军事前线的后方，特别是蜀汉与魏，发展农业生产与水道运输，竟成了加强军事力量的一种手段，他们在这方面所投入的力量也是相当可观的。

吴的主要困难，在于缺乏为开发附近天然的肥沃土地所需要的人力。据历史记载，在公元 226 年，为了扩大耕地面积和弥补当时导致王国危机的粮食不足现象，吴王曾经宣布实行军事屯田。① 公元 245 年，国王派遣他的将领陈勋和三万士兵与作士，开凿了连接小其与云阳（现江苏丹阳）的句容运河；同时，在丹阳附近造了赤山湖，用以灌溉稻田。

在蜀汉，当最杰出的大臣诸葛亮征服黄河流域的企图，被司马懿率领的魏军阻止之后，便担心四川基地的谷物供应有可能被切断；于是在公元 234 年，就在渭水流域的南岸建立了军事屯田。② 在有关记载中虽然没有特别讲到水利工程，但考虑到所在地区的农业生产条件，就会推想到在军事屯田区，发展灌溉是一个不可缺少的因素。

在魏国，灌溉与军事屯田都广泛地实行了，而且这两者之间的关系，在记载中也是最为明确的。对水路运输线路的延伸与改进方面，也给予了密切的关注。由于明显的理由，这两种事业都集中在淮河流域。芍陂、茹陂、七门堰和吴塘，是曹操指令他所任命的扬州刺史刘馥修复的。③ 在公元 204 年，曹操疏濬了汴渠，开凿了连接汴渠与淮河的濉渠，同时为了将山东出产的粮食运往他在河

① 陈寿：《三国志 · 吴志》第 2 卷《孙权传》，第 16—17 页。

② 陈寿，前引书，《蜀书》第 5 卷《诸葛亮传》，第 14 页。

③ 房乔等：《晋书》第 26 卷《食货志》，第 6—7 页。据康基田说，曹操因军屯的目的而修复了芍陂。见第 4 卷《河渠书》，第 25—26 页。

南领地的中心地带，还堵截了淇水（在河南北部）使之进入白沟。[1]此时正值曹操着手进行一项关于军屯、积谷与发展水路交通的庞大计划的时候。[2] 继公元204年在淮河与黄河流域取得成效之后，第二年，又开凿了在河北省中西部导滹沱河水入沙河的平虏渠，与在山西省中部利用潞河水用以运输的泉州渠。曹操之所以能战胜北方乌丸人，在很大程度上是由于开凿了这两条作为战备计划之一的运河。[3] 为转运漕粮，在公元219年又于河南开凿了连接洛河与汴渠的阳渠。[4] 公元233年，开挖了一条由陈仓（陕西宝鸡）到槐里（陕西兴平）的成国渠。大约在同一时期，又利用汧河与洛河建成了临晋陂，灌溉约三千顷舄卤之地。[5]

正如康基田所指出的[6]，这些工程一定是在魏国大将司马懿的创议与主持之下建成的，司马懿当时正抵抗着由诸葛亮所领导的蜀汉力量的入侵以保卫魏国。司马懿害怕他的对手的军事天才，但是他又知道，蜀汉军队的主要弱点，在于经济基础相对说来较薄弱。所以，他拒绝军队与蜀军直接交锋，而企图以饥饿赶走他们。宁愿用锄头、犁、灌溉渠道和陂塘来指导战争，也不愿轻动干戈。诸葛亮在用各种侮辱手段，刺激他的对手交战的企图都归失败之后，就决定使用同样的看起来笨拙然而又是很有效的武器，即在渭河南岸实行军屯。因而，蜀汉与魏之间的战争，转而成了经济力量与持久力的竞赛了，同时，因为避免了蜀汉军事力量的进攻，并使敌人处于

---

① 康基田，前引书，第4卷，第24页。

② 见康基田，前引书，第4卷第24—25页中的说明。

③ 这两条运河在唐朝和明朝都起过很大的作用。见康基田，前引书，第4卷，第25页。

④ 范晔，前引书，第65卷《张纯传》，第2—3页。

⑤ 房乔等，前引书，第26卷《食货志》，第8页。

⑥ 《河渠纪闻》第4卷，第30—31页。

最不利的地位，司马懿也就为最终征服与消灭蜀汉奠定了基础。

魏国明智地采取了在一个时期内只对付一个敌人的策略，即在一心征服蜀汉的同时，而与吴保持和好。这种政治上的和解，甚至在发展灌溉一事上也体现出来了。根据历史记载，魏的豫州（在河南省）刺史贾逵，在与吴的合作下，并利用守备的工具①，在汝河（在河南的南部与安徽的北部）上建造了一座坝，并兴筑了一个被称之为新陂的水库，以及开凿了一条长300里②的运河。这条作为魏吴友谊纪念的渠道，被称为“贾侯渠”。③

然而，魏—吴的合作是短命的。甚至在蜀汉未完全被征服之前，魏就加强了为征服吴所需的经济基础的准备。在公元241年，就在淮河流域实行了军屯；耕地大为扩大，开凿了不少渠道，并促进了运输事业的发展；还储备了大量的军粮。④

在公元243年伐吴开始之后，魏军在帝王亲自指挥之下，焚烧吴的粮食储备⑤，打败了吴将诸葛恪。于是，帝王计划进

---

① 据《晋书·食货志》：“贾逵之为豫州，南与吴接，修守备之具，堨汝水，造新陂，又通运渠二百余里，所谓贾侯渠者也。”又《魏志·贾逵传》：“州南与吴接，逵明斥侯……”从这二则史料，均看不出贾逵与吴有“合作”之意，看来可能是由于本书作者将以上二引文中的“接”理解为“合作”了所致。故本文在此后的引申亦误。

还应指出，当时的豫州并不与吴接壤，故《晋书》所说“南与吴接”并不很确切，最多只能理解为“接近”。——译者

② 各本称300里，但《魏志·贾逵传》与《水经注·渠水》称200里。——译者

③ 房乔等，前引书，《食货志》，第7页。

④ 康基田，前引书，第4卷，第28—29页。

⑤ 关于焚烧吴积聚一事，在《晋书》中有两种不同的说法，一说是魏军烧的（本文所取）；一说是吴将诸葛恪自己烧的。

前者是：“正始四年，宣帝又督诸军伐吴将诸葛恪，焚其积聚，恪弃城遁走。”（《晋书·食货志》，中华书局版，第785页。）

后者是：“四年秋九月，帝督诸军击诸葛恪，车驾送出津阳门。军次于舒，恪焚烧积聚，弃城而遁。”（《晋书·宣帝记》，中华书局版，第15页。）

两者孰实？待究。——译者

一步加强其经济储备。为了准备将来的出征,又进一步扩展了耕地面积,并更多地积蓄了粮食。他指令他的最能干的将领邓艾到陈(今河南淮阳)项(今河南项城)以西至寿春(今安徽寿县)的地区。邓将军知道,这一地区虽然土质良好,但因没有足够的水分,也就不能充分发挥其作用,因此,他建议开凿一条既可作灌溉又可作航运之用的渠道。帝王同意了这个建议。于是,沿淮河河岸自钟离(今淮河南安徽凤阳)到泚水(在正阳关入淮)400多里之间,每隔5里立一营,每营60人。士兵边耕边守,还修复与扩建了淮阳与百尺二渠。这样一来,黄河水就这样自北注入沿颍水、淮水和大治河①上的各个蓄水陂塘了。在颍水南北,开挖了300多里长的渠道,灌溉约20,000顷土地。

于是,"淮南、淮北皆相连接。自寿春到京师,农官兵田,鸡犬之声,阡陌相属。每东南有事,大军出征,汎舟而下,达于江淮,资食有储,而无水害。"②

这样建立起来的灌溉系统,为淮河流域的农业生产作出了很大的贡献,从而就达到了在为着军事目的而竞相提高农业生产的整个时期的高潮。③ 魏国也因而增加了一个富饶的农业区。往后,魏就变得如此强盛,以致三国之间的均势就此一破不返,中国又再次统一于一个王朝之下了。

---

① 无大治一河。此处当因作者对《晋书》原文断句有误所致。——译者

② 房乔等,前引书,第26卷《食货志》,第8页。

③ "黄初(公元221—226年)以后迄晋,当时能臣皆以通渠积谷为备武之道。"康基田,前引书,第4卷,第27页。

四 作为古战场的淮河流域

淮河流域在军事上的极端重要性,固然大大地促进了这些引人注目的水利工程的发展,但同时也使得人民不能享受这一发展的成果。尽管这里有着天然的肥田沃土,然而,这一现实对整个江淮间的经济发展来说,几乎是一种"永恒"的障碍。

历史是这样说的:"三国时,江淮为战争之地,其间不居者各数百里,……吴平,民各还本。"[1]这就表明,这一时期淮河流域的主要工程,不仅是因为军事目的而兴建,而且还要由军事力量来维护,因此,它们所发生的迅速变化和遭受的横暴破坏,也带有军事的色彩。

不幸的是,淮河流域在军事上的重要性,还不只局限于三国时期。实际上,在自秦(公元前255—前206年)以后的整个中国历史上,淮河流域就成了南北之间的战场了,即使在各次战争的间隙之间,也是由屯田兵保卫着的。

> 晋及六朝,俱屯守淮阴,修塘堰,备储糈。祖逖以三千军屯淮阴。……谢玄先屯淮阴,次屯邳、徐;兵食足,而后能接肥水,以入洛阳。晋之平吴,亦屯田江北。……明漕府仓司,并设于淮。[2]

① 沈约:《宋书》第35卷《州郡志》,第7—8页。

② 康基田,前引书,第4卷,第45页。

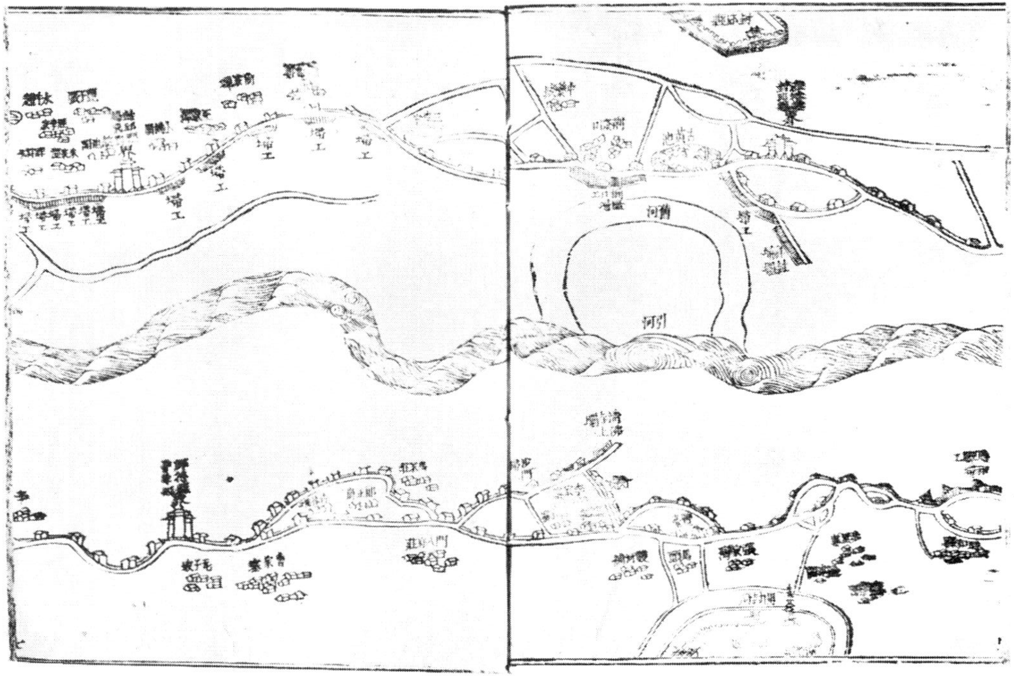

开封(河南省)以北的黄河大堤,选自《河南通志》(1767年版)

关于淮河流域在军事上的重要性，很多著作家与官吏都曾作过不少说明。晋（公元265—420年）的官吏荀羡（公元321—358年）说："淮阴旧镇，地形都要，水陆交通，易以观衅，沃野有开殖之资，方舟有运漕之利。"①

宋朝（公元960—1280年）的官吏兼学者徐宗偃更为肯定地说："山阳，南北必争之地也。我②得之，可以进取山东；敌若得之，淮南不能以朝夕固矣。"③

元朝的董抟霄也说："淮安，南北噤喉，江浙（江苏、安徽与浙江）衡要。其地一失，两淮皆未易保。今岁漕数百万，咸取道于淮安。哽咽或生，则京师有立槁之虑。故特设重臣，置屯军，以经略之。"④

宋朝（公元960—1280年）的官吏还这样阐明过这种战略意义的秘密："长淮二千余里，河道通北方者凡五，曰颍、曰蔡、曰涡、曰汴、曰泗；而通南方者，唯楚州运河一处。"⑤

因之，淮河流域的地理位置，就命定它成了南北之间的要道和军屯与内战的中心。在这种环境之中，大型的灌溉设施容易遭到破坏，而且发展永久性的建筑工程也是不可能的。由于淮河流域成了战神祭坛之地，因而，只要人们的努力无法改变它这种并没有什么值得羡慕的地位时，它也就失去了成为基本经济区的希望。

---

① 顾祖禹：《读史方舆纪要》第22卷，1774年，第2页。

② 指南宋（公元1127—1280年）。

③ 顾祖禹，前引书，第22卷，第2页。

④ 同上书，第3页。

⑤ 同上。淮安，宋时称楚州。

五　晋朝时期长江流域的移民

继三国之后,中国出现的西晋(公元265—317年)的统一是短暂的。建国后不到五十年,在北方农民胜利起义的时候(这些农民,在一些地区,是在几个世纪之前就从现在中国土耳其斯坦[①]与蒙古迁居到长城以南的"胡人"的后裔)[②],晋朝的皇帝就退到了江南。这一时期是由西晋向东晋(公元317—420年)变动的时期。在西晋的48年中,只有两项发展灌溉的实例载入史册:一是在公元274年,在淮河流域修复了三条渠道,灌田1,500顷[③];一是在公元280年沿着滍水和淯水(在河南省)开辟了10,000多顷水田。

由西晋向东晋的过渡时期和后来在公元589年隋朝再次统一中国之前那一段时间所发生的事变中,包含有一个关于民族社会经济史中的重大变化问题。"胡人"移民——他们多是在中国豪强地主的土地上从事劳动的农奴——的兴起,以及对社会不满的中国农民的反抗,便把大量的中国上层阶级及其追随者赶到了长江以南。当这些"胡人"在北方本土上建立的王朝持续了一个世代之后,收复北方领土的希望,在东晋后期,实际上成了泡影。于是,在长江下游的中国难民[④]就准备长期留居了。

---

① 即新疆。——译者。

② E.亨廷顿(Huntington)教授,错误地(从历史的观点来看)认为这些在中国居住了几个世纪的"胡人"移民的起义是一种新的侵略。《种族的特征》(*The Character of Races*),纽约,1924年,第182—183页。

③ 康基田,前引书,第4卷,第37—38页。

④ 这里所谓的"中国难民",实际上指的是北方的汉族难民。帝国主义学者一向把"汉族"与"中国人"画等号,而把中国境内汉族以外的其他兄弟民族放在"中国人"之外,以达其分裂中国各兄弟民族之间,特别是汉族与其他兄弟民族之间的关系。——译者

《宋书》(一个从公元420—479年的短朝代的史书)叙述过关于淮南地区移民者的故事,它讲道,"其后中原乱,胡寇屡南侵,淮南民多南度。成帝初,苏峻、祖约为乱于江淮,[1]胡寇又大至,民南度江者转多。"[2]对于这里所讲的这些移民以及其他的移民所处的状态,在《隋书》的下述记载中说得很清楚:

> 晋自中原丧乱,元帝寓居江左[3],百姓之自拔南奔者,并谓之侨人。皆取旧壤之名,侨立郡县,往往散居,无有土著。而江南之俗,火耕水耨,土地卑湿,无有蓄积之资。……又岭外[4]酋帅,因生口翡翠明珠犀象之饶,雄于乡曲者,朝廷多因而署之,以收其利。历宋、齐、梁、陈,皆因而不改。[5]

把这一段记载与三国时期吴国的情况作一比较,是很有意思的。[6] 显然,长江流域的移民过程是缓慢的,而且不管吴国的当权者如何努力,长江流域仍然处于地广人稀的状态,而且总的说来还很原始。由于种族上与文化上的冲突,便加剧了当时仍然是中国心脏的北部的社会动乱,在这一影响下,就促使中国人民移居与开发南方。

迄至今天为止,在中国人民的历史上,对于移民的推动力与必要性,还从来没有表现得这么强烈。像在下面将要看到的那样,这

① 指淮河与长江之间的地区。
② 沈约,前引书,第35卷《州郡志》,第8页。
③ 意为东方,指长江下游以南的地区。
④ 南岭山脉,是广东省与中国内地的分界。
⑤ 魏徵等:《隋书》第24卷《食货志》,第3页。
⑥ 参看前面第六章第二、三节。

种结局就导致了肥沃的长江流域——它最终还是成了中国基本经济区——飞速发展的开端，从而取代了泾渭流域与黄河下游流域的地位。这就使中国文明发生了急剧的变化，并导致了唐朝中国文化的无比繁荣。

六　南朝时期的江苏水利工程

在人口南迁开始之际，于公元321年，晋朝官员张闿建造了能灌溉土地达800顷的曲阿新丰塘。同年，陈敏开凿了练湖，两者都位于今江苏镇江附近，距长江南岸不远。作为一个有灌溉与水运双重目的的蓄水工程来说，练湖有着重大的意义。后来的每一个朝代，都对它进行过修理。在唐朝，如若没有得到政府官员的允许，谁秘密地开挖了湖堤，就要处以死刑。①

这些改进江南农业生产条件的努力，在晋以后的宋、齐、梁、陈各朝仍在继续。宋明帝（公元465—472年）时，皇帝下令开凿了赤山塘。② 在公元494年至497年间，一个齐朝的大臣建造了长冈埭。③ 另一个齐朝的官员上疏皇帝，要开辟丹阳及其附近几个县的荒地与新发现的土地8,554顷。据他统计，在一个春季，建成所需要的堰与塘，就需118,000个劳动者。不幸，这项计划未能实现，因为主管这一工程的官员被调任其他职务。④

---

① 《江南通志》第64卷《河渠书》，第22—27页。

② 前引书，第63卷，第1页。在445年，由于阳湖的改建，使数百英亩性质良好的土地能得以生产。两年后，临津渠也顺利地建成。

③ 前引书，第64卷，第22页。

④ 前引书，第66卷，第8页。

在梁朝，于公元510年建成了谢塘[①]；在528年，皇帝给一个官员发了诏书，命令他通过大渎以改进粮食运输的条件[②]；535年，筑起了濬溪（现称梁溪）的堤防[③]。

在陈朝，整修了破冈渎。[④] 所有这些水利设施都位于江苏省的南部，后来这一地区的水利事业达到了中国的最高发展水平。

七　大运河的先驱

东晋时期水道的开发，最初是为了军事上的目的而进行的。在公元345年到361年的穆帝统治时期，为了发动一场对占领汴城[⑤]（开封）的慕容兰的战役，就命晋将开凿了一条从洸水（汶水的支流）引汶水至东阿（在今山东谷阳）的运河。[⑥] 大约在同一时期，曾经开凿练湖的陈敏，又开了一条从射阳（靠近射阳湖）到末口（靠近苏北的淮安）的山阳运道（亦称山阳水道）；于是，这条曾经是极为迂回的联系淮河与长江的通道，第一次被缩短成直线形了。

这两条运河的重要性，就在于它们后来都成了大运河的组成部分[⑦]，而这条大运河在中国历史上又是起着如此重大的作用：在唐、宋、元、明、清各个朝代中，它竟成了连接北方政治权力所在地与南方新基本经济区之间的生命线。

---

① 前引书，第64卷，第22页。

② 前引书，第63卷，第4页。

③ 前引书，第64卷，第14页。

④ 前引书，第63卷，第1页。

⑤ 当时无汴城之名，应为汴京。——译者

⑥ 康基田，前引书，第4卷，第40页。

⑦ 参阅后面第七章第一、二节和第七章第十节。

第七章 长江流域在经济上的统治地位

东晋(公元317—420年)南朝(公元420—589年)时期,作为农业生产中心的长江流域,由于明显地承担着基本经济区的作用,因而其重要性增加了。自唐朝(公元618—907年)以后,这里就成了基本经济区。但从政治上看,重心仍然在北方。由于北部边境的游牧者入侵的不断骚扰,则提高了北方各省在战略上的重要性①。尽管基本经济区已经在向南转移,然而自隋朝(公元589—618年)到清朝(公元1644—1911年),由于传统习惯与政治上的惰性,首都总是定在北方。

这种异常状态,使得发展与维修作为联系生产的南方与政治的北方的运输系统,就成为必不可少的了。而起这一联系作用的,就是大运河。在十多个世纪以来,它在中国引起了极大的关注,它的改建与维修,花费了无数劳动力和大量国家资金。它的历史,是同灌溉、防洪以及耕地开发的整个历史紧密地联系在一起的,在我们所讨论的全部问题中,它的历史应当作为一个完整的部分加以研究。

---

① 当然,对于本身就起源于"胡人"的元(蒙古)和清(满洲)朝来说,这种重要性就减弱了。

一　隋大运河的历史

虽然传统上都把运河的兴建归功于有雄才而又骄奢的隋炀帝(公元605—616年),然而,实际上它既不是在一个时期之内建造的,也不是出于一个皇帝之手。正如万里长城是在不同的时期分段建成的一样。隋炀帝在运河方面所做的事,只是把南北流向的各条水道,接成了一个互相沟通的系统,从而形成了一个界于南北间的长扇形水道网。

这一运河,利用渭水与汴河,从长安(或大兴城),[①]过河南省,抵达淮安;然后转而向南到江都(扬州)与瓜州,在此越过了长江,最后到达杭州。另一个扇形,是从河南北部与山西南部之间的黄河支流沁水开始枝分,最后终止于靠近现北平的涿郡。整个隋大运河的里程,比现在大运河的里程长得多,而且既是南北向也是东西向的交通干线。它包括五个明显不同的部分。

研究运河的发展,最好的办法是考察它的不同部分的历史。历史最悠久的一部分是连接黄河与淮河的汴渠。古代最初的运河鸿沟,其创建的时间虽然不清楚,但是肯定在春秋时期(公元前722—前481年)之前[②]。战国时期(公元前481—前255年)的外交政治家苏秦就曾提到过它。司马迁特别讲到,在大禹之后,“荥阳下引河东南为鸿沟,以通宋、郑、陈、蔡、曹、卫,与济、汝、淮、泗会。”[③]

---

① 见《长安志》:“唐京城,初日上都城,即隋大兴城,周六十七里。”——译者

② 参看胡渭《禹贡锥指》第5卷,1705年,第34页。

③ 司马迁,前引书,第29卷《河渠书》,第2页。

西晋[①]（公元265—317年）王濬（公元206—285年）在与吴对阵时，晋朝有名的大臣杜预（公元222—284年）在写给王濬的一封信中曾说到，他与军队从长江流域胜利回师到首都洛阳时，将取道汴渠。清朝伟大的历史地理学权威胡渭（公元1633—1714年），在评价王濬的陆海军的壮观时说，他们是古今绝伦的最精锐、最庞大的军队，他们假如能通过汴渠回师，那么，“汴水之大小，当不减于今[②]；又足以见秦、汉、魏、晋皆有此水道，非炀帝创开也”[③]。

然而，旧水道不同于炀帝时的隋运河。根据日本学者青山定男有才学的研究，隋以前的运河，是从开封东部靠近杞县处，向东流经徐州，再经由泗水进入淮河；而称为“通济渠”的隋运河，则取较短的更为直接的水道了。它从洛阳附近的西苑出发，循洛河与谷水进入黄河；然后从板渚（在今河南省汜水县）分流而出，由黄河东流进入该渠本身，再在杞县附近向东流近开封，最后循旧运河的线路转而向南，直接在泗州进入淮河，而不再经泗水。

青山定男的结论同杰出的中国学者名著《读史方舆纪要》的作者顾祖禹（公元1624—1680年）的看法是一致的。他结论性地证明了《元和郡县图志》、《太平御览》与《资治通鉴》在说到通济渠时，把老水道当成新水道是错误的；而像在魏徵《隋书》中《炀帝纪》与《食货志》以及《通典》所叙述的那条直接入淮而不经泗水的较短的水道，则是正确的。

汴渠或通济渠，也称御河，修建于公元605年，为了完成这一工程任务，曾经动用了从县府到黄河以南与淮河以北的一百余万

① 原文为东晋。——译者

② 胡渭著书于康熙年间。

③ 胡渭，前引书，第5卷，第33页。

男女劳力。[①] 还在这条御河河畔修筑了御道，并栽上了杨柳。[②] 这条运河不仅把黄河与淮河的航运功能结合成为一个系统，而且把两条河的各支流连成了一个在历史上具有极大重要性、覆盖了中国北部平原上的水网。汴渠在中国历史上的经济与军事意义，就无需再多作说明了。

大运河的第二部分，在隋朝称之为山阳渎，它从位于淮河岸边的末口（淮安附近）开始，向南流入江都（扬州），从而提供了一条连接淮河与长江的水道。被取名为邗沟的古运河，是在公元前483年，由吴王夫差（公元前495—前473年）开挖的。[③] 这条最初的运河是向着现今线路的东边行走的。由于要通过一系列的湖泊，它的路程也就弯曲了。特别是要通过射阳湖，除了路程迂回之外，还要冒风浪的危险。

在晋朝穆帝（公元345—361年）时期，地方官员陈敏沿着原有路线的西边，从射阳到末口开凿了一条多少直了一些的运河，从而缩短了距离。[④] 这条运河被称为山阳运道或山阳水道。

在隋朝时期，这条运河淤塞了，但其线路仍有迹可寻。[⑤] 隋文帝在公元587年为"通运漕"[⑥]又修复了这条运河。在公元605年，文帝之子炀帝，也下令改善这一运河。这一工程曾动员了淮河南岸的十多万居民。"自山阳至于扬子入江，水面阔四十步[⑦]。两岸

① 魏徵，前引书，第3卷《炀帝纪》，第5页。
② 同上书，第24卷《食货志》，第17页。
③ 《左传》第58卷，第21页。
④ 参看第六章第七节。
⑤ 见柳诒徵：《中国文化史》第2卷，第4页。
⑥ 魏徵，前引书，第1卷《文帝纪》，第24页。
⑦ 当时已建有"龙舟"。

为大道，种榆柳。自东都洛阳至江都二千余里，树荫相交。每两驿置一宫。自京师至江都，离宫四十余所。”①

山阳渎有300余里长。② 由于它横贯着中国南北之交的地带，其重要意义是容易评价的。被这条运河横贯的地带，是中国南北间的重要战场。③ 以后因铁道的出现，便改变了这种状况。而在这种状况改变之前的数百年间，淮安城在保卫这段运河的北部边境方面所起的伟大战略作用，已再三地为历史所证明。在这段历史时期中，清楚地表明了这段运河处于决定性的地位。

大运河的第三部分，称为江南河，是在公元610年炀帝下令开凿的。“自京口至余杭”，绵亘“八百里，水面阔十丈余”。④ 由于有了这段处于大运河南端的运河，才使炀帝及其后继者在数世纪内能得以开发中国东南沿海的财富。

上面讨论的三段运河，流经了自杭州到洛阳的范围。称为东都的洛阳，是被炀帝作为陪都而建立起来的。而黄河与渭水就连接了洛阳与首都长安，但因“渭水多沙，流乍深乍浅”⑤，其航运受到了阻塞。为解决这一困难，便开挖了一条利用渭水作为航运水源的运河。在一个关于修建这一运河的诏令中，有一段内容完整

① 刘义庆：《大业杂记》，第1页。又：查《大业杂记》原文，应为：“自山阳渎至于扬子入江，三百余里，水面阔四十步，造龙舟，两岸为大道，种榆柳。自东都至江都二千余里，树荫相交。每两驿置一宫，为停顿之所。自京师至江都，离宫四十余所。”这段内容还被引录在《行水金鉴》，第92卷，《运河水》。在《通鉴·隋记》（第180卷）中也有类似内容。又：“步”，为古代长度单位。唐朝以前，1步等于6尺；唐朝以后，1步等于5尺。这里的“尺”也是指当时的“尺”。古代各个时期的1尺均略小于现今1（市）尺（可参阅吴承洛：《中国度量衡史》）。——译者

② 柳诒徵，前引书，第2卷，第3页，附注。

③ 参看前面第六章第四节。

④ 刘义庆：《大业杂记》，第14页。

⑤ 魏徵，前引书，第46卷《苏孝慈传》，第11页。

的文字被保存下来了,其中包含有如下的极为有趣的史料:

京邑所居,五方辐凑,重关四塞,水陆艰难。大河之流,波澜东注,百川海渎,万里交通。虽三门之下,或有危虑,但发自小平,陆运至陕,还从河水,入于渭川,兼及上流,控引汾、晋,舟车来去,为益殊广。而渭川水力,大小无常,流浅沙深,即成阻阂。计其途路,数百而已。动移气序,不能往复,泛舟之役,人亦劳止。

朕君临区宇,兴利除害,公私之弊,情甚愍之。故东发潼关,西引渭水,因藉人力,开通漕渠,量事程功,易可成就。已令工匠,巡历渠道,观地理之宜,审终久之义,一得开凿,万代无毁。可使官及私家,方舟巨舫,晨昏漕运,沿泝不停,旬日之功,堪省亿万。诚知时当炎暑,动致殷勤,然不有暂劳,安能永逸。宣告人庶,知朕意焉。①

这条从长安到潼关的运河,长 300 里,被称为广通渠。② 随着这条运河的完成,一条直接连接长安与杭州的水道也就形成了。

大运河的第五部分,从河南西北部与山西南部之间的黄河支流沁水枝分出来,向北流往涿郡(河北北部涿州)。为了完成这一任务,曾"诏发河北诸郡男女百余万"③。司马光(公元 1019—1086

① 魏徵,前引书,第 2 卷《食货志》,第 14 页。

② 还应记得,在郑当时的建议下,汉武帝为了避免渭河航行的困难,曾开了一条类似的渠道,将六个月的旅程时间缩成了三个月。汉渠也是长 300 里。说隋渠是循汉渠之旧迹,看来根据不足;但从当地的环境看,似乎指的是同一条渠道。

③ 魏徵,前引书,第 3 卷《炀帝纪》,第 11 页。

年）对这件事曾注释道："丁男不供，始役妇人。"[1]这条运河完成于公元 608 年，被称为永济渠。这样，它就提供了一条连接海河流域（河北省）和黄河流域中部以及长江、钱塘江流域的纽带，从而开辟了一条从杭州直抵今北平城附近的直接航线。

二 隋、唐、宋时期的水道系统

当把隋朝大运河的五个部分作为一个整体考察时，还要注意到：除了从杭州到淮安的两部分，程度不同地为现代大运河打下了基础以外，淮安以北的水道与现代的路线则全然不同。现代大运河，最初是在元朝（公元 1280—1368 年）完成的一项工程。在中国历史上，元朝是第一个选择北平（或北京）作为首都的朝代。在唐（公元 618—907 年）和北宋（公元 960—1127 年）时期，隋朝大运河虽然常常坏而复修，其位置也有所变动；但是，从整体上看，直至元朝，这一系统实际上还是保持着原状的。所以，也就理所当然地可以把它称为隋、唐，宋时期的人工水道系统了。

三 在中国，大型土木工程得不到好评的原因

隋炀帝的奢侈与残暴，在中国历史上是有名的，而通常都把大运河看作是说明专制君主暴虐特征的一个引人注目的例证。然

① 司马光：《资治通鉴》第 181 卷，第 1 页。

而，这些历史事实竟常常被历史学家看成是一种在道义上的教训，他们以为这都是些徒劳的任务，并以此告诫统治者不要变成了暴君。中国历史学家这种在道义上的考虑，妨碍了他们从政治意义上去理解炀帝的功罪。

认识到如下一点很重要：尽管中国森严的等级制度已消失，实质上，中国这一国家仍是建立在阶级统治的理论基础之上的，而阶级统治则意味着剩余物资的集中，以此作为维护政权的一种手段并满足统治阶级的奢求。而这些剩余物资往往是从人民那里榨取来的大量生活必需品。物资集中，就要求开凿运河；反转来，运河的开凿又要求进一步集中物资，这无疑地就将导致超额的租税，和制定残酷而庞大的强制劳动计划。

随着运河的完成，给运输带来了方便，也自然地刺激了统治集团的挥霍与进一步的奢侈。公共工程的发展，就不可避免地会使剥削的程度和人民群众的痛苦一起加重，这二者之间的必然联系，足以解释汉武帝与隋炀帝这两个很有作为和很有事业心的君主之所以很不得人心的原因。他们在公共工程发展方面，其中包括开凿运河和发展灌溉的成就，导致了公众的不满。他们中的一个因此发生了财政危机，而另一个因此则失去了帝国。

汉武帝如果不是及时地宣布了“罪己诏”与节省开支的计划，西汉的统治也许要早一百年完结。另一方面，隋炀帝，像一位有卓识的中国评论家所指出的，“为其国促数年之祚（因在土木工程建设中造成了浪费），而为后世开万世之利，可谓不仁而有功者矣”①。实

① 于慎行：《笔麈》（原文误为《笔尘》。“笔麈”是过去文人写的杂文性质的著作，名为《笔麈》的不止一书，例如明朝人莫是龙就著有《笔麈》1卷。见清人陆烜辑《奇晋斋丛书》。——译者），《明书》第18卷，引自傅泽洪：《行水金鉴》第92卷，第16页。

际上,中国半封建时期,政府的所有不朽的成就,都造成了统治者更加腐败,和人民大众更深重的苦难。

像兴建大运河一类的大型土木工程,需要动员大量的劳动力。在缺乏发达的货币经济和自由的劳动力市场的情况下,就意味着要有由国家的权威来召集和管制的强迫劳动。在半封建社会的等级制度条件下,要完成这些事业,不出现残酷的现象是不可能的,而残酷的程度通常又与工程规模的大小成正比。由大运河这样特大规模的工程所带来的极大的残酷程度,引起了历史家的注意。在无名作者的《开河记》中,能找到在汴渠(大运河中最长的一段)建造过程中有关劳动情况的详细说明,这一段有意义的文章是:

诏发天下丁夫,男十五以上、五十以下者皆至,如有隐匿者斩。……丁夫计三百六十万人。乃更五家出一人,或老幼或妇人等供馈饮食,又令少年骁卒五万人,各执杖为吏,如节级队长之类。共五百四十三万余人。……

乃隋大业五年(公元609年)八月上旬建功,畚锸既集,东西横布数千里。及开汴梁盈灌口,点检丁夫,约折二百五十万人;其部役兵士旧五万人,折二万三千人。

功既毕,……帝自洛阳迁驾大梁,诏江淮诸州,造大船五百只。使命至,急如星火。民间有配著造船一只者,家产破用皆尽。犹有不足,枷项笞背,然后鬻货男女,以供官用。龙舟既成,泛江沿淮而下。至大梁,又别加修饰。舳舻相继,连接千里。自大梁至淮口,联绵不绝。锦帆过处香闻百里。①

① 《开河记》,引自傅泽洪,前引书,第92卷,第14—15页。

清朝的《四库全书总目》认为上面所引《开河记》中的资料不可信，原因是它属于“粗俗的文体”，还说它是一种虚构的历史。然而，尽管它可能在某些细节上不那么正确，但是，它对于这种强制劳动的残酷性所作的描述，倒是中国文献中司空见惯的语言。即使它对于强制劳动的情况讲得较笼统，但是，它使我们能得以较清楚地了解到，在半封建中国时期的土木工程之所以出现暴虐性和得不到好评的原因。

四 唐朝对江南的依赖

然而，如果对开凿大运河已经带来的巨大苦难姑且不谈的话，那么还应该说，大运河起到了连接中国两大主要地区的纽带作用。有了它，首都才得以能够成功地吸纳肥沃的长江流域的资源。而长江流域一经与首都取得了联系，就出现了一种新的动力，随着长江流域巨大潜力的发掘，这种新的动力就使长江流域得到了迅速的发展，并很快成了供应首都漕粮的主要生产地区，最后取得了基本经济区的地位。《新唐书》揭示道：

> 唐都长安，而关中号称沃野，然其土地狭，所出不足以给京师，备水旱，故常转漕东南之粟。①

对南方依赖程度的发展是很快的，以致在伟大作家韩愈的时

① 欧阳修：《新唐书》第53卷《食货志》，第1页。

代，江南[1]田赋已经达到全国田赋总数十分之九的惊人比例。[2]

因此，漕运任务重要性越来越大的问题也就不足为奇了。从裴耀卿（公元681—743年）在漕运方面做出了成功的贡献之时开始，朝廷大吏负责主管漕运事务就成了常例。[3] 唐朝政府一些杰出的行政官员，如刘晏（公元715—785年），都是以在这方面的成就而著称的。

如果将唐朝（公元618—907年）同最初曾经对黄河的运输问题作过努力的汉朝（公元前206—公元220年）作比较，立刻就会明白，唐朝的行政官员面临着新的技术、社会和管理问题，而这些问题的解决，就正是唐朝对中国历史最重要的贡献之一。隋朝的皇帝开凿了运河，但是，这个朝代未能持续足够长的时间来解决运输方面的其他问题。正是唐朝，才奠定了中国南北之间漕运制度的基础。大约在公元735年裴耀卿担任主管官员之后的三年间，曾运输了700万石的谷物。[4] 由此可以想见这种制度事关重要。

运输的问题，不只限于运输事务的处理方面而且还有水道的维修和改善方面的问题。这两个艰巨任务都是要唐朝的官吏们加以综合处理的。开元十九年（公元731年），裴耀卿（公元681—743年）建议在现今河南省的河口与巩县（今巩义）设立粮仓，以便“江南之舟不入洛口”。[5] 他还建议利用沿河道设置的半打之多的粮仓

---

① 在唐代，江南是指现在的江苏、浙江、江西和安徽省。

② 《历史年鉴》第4卷第95页脚注。

③ 欧阳修，前引书，第53卷，第3页。

④ 同上书，第2页。

⑤ 同上书，《食货志》，第2页。《新唐书》原文：“江南之舟不入黄河，黄河之舟不入洛口。”——译者

节级运转,这样,当水道可以通行时,则行船;而当水浅时,就可以将谷物储存起来,以免遭损失。①

三年之后,即公元733年,这个提议被采纳了。这时,在汴渠进入黄河处的河阴,建立了一座粮仓。在山西省南部边境的黄河岸边也建立了两座粮仓,各位于"三门"的两端。这些位于黄河河床中的岩体,给航运造成了极大的危害。有了这两个粮仓,船只就可以在三门的东端卸货,将货物陆转18里之后,又储存在另一个粮仓中等待另一船舶继续运输。这样,就避免了为害若干世纪的三门之险。② 在同一年,润州刺史齐瀚开了一条伊娄河,把扬子县到瓜州的距离由60里缩短成了25公里。③

这些改进措施,终致成了刘晏的不朽成就。刘晏在公元764年被任命为江淮转运使,他曾经疏浚过当时被淤塞了的汴渠,采用并改进了他的前任裴耀卿所提出来的管理制度。为适应运河各个区段的不同条件与运输能力,曾建造过各种特殊的船只。江船可以航行到扬州,汴船可达河阴,河船能抵渭河口。而渭船最后可以将货物运往首都最大的粮仓太仓。沿着河道和运河还建立了转运仓库,以方便船只的调换,还可预防恶劣的航行条件。

事实证明,这一制度是安全而有效的,正是因为这一点以及刘晏本身的管理才能,刘晏便创造了连续任职达三十余年之久的纪录,这在他所处的时代是非常显著的功业。在刘晏的事迹中,已经使这一被称为"后来者皆守"④的制度达到了顶峰。

① 欧阳修,前引书,第53卷,第2页。
② 同上。
③ 康基田,前引书,第5卷,第25页。
④ 同上书,第26页。

五　唐朝时期水利事业的兴起

第三章的统计资料表明，在唐代，除了河南省外，实际上所有各省的灌溉活动都突然兴起了。在这里，我们就没有必要按照以往的办法去一一列举已建造的那些主要工程了。古代的灌溉与航运工程，从数字上看是较少的，但从形成这种系统的发展过程看，却具有很大的历史重要性；为此，便在上面分别列举了各种不同的工程，并讲述了兴建其中某些工程的沿革。唐朝的不少工程，是在原有的基础上修复起来的。而大量的工程（特别是在南方）则是新建的。不过对于我们现在研究的目的来说，就不需要对这些工程个别地和详尽地加以处理了。

唐朝工程一个值得特别引起注意的历史特点是：根据清朝伟大的学者顾炎武（公元 1613—1682 年）的统计，记载于《新唐书·地理志》中十分之七的水利工程，是建造于天宝（公元 742—756 年）之前的。[①] 当我们想到天宝是安禄山之乱以后玄宗的一个年号时[②]，想到安禄山之乱曾使国家陷于连年内战与破坏之中，并使唐朝的财力与威信大减于前时，对这一时期之后出现的治水活动的衰退现象，也就容易理解了。顾炎武说得对，在战乱之后，一个忙于催征赋税的政府，便没有时间致力于像奖励农业生产与改善水道之类的建设性劳动了。[③]

---

① 顾炎武：《日知录》第 12 卷，第 25 页。

② 安禄山之乱本发生于天宝末期（公元 755 年），故不应说天宝是安禄山之乱以后的年号。——译者

③ 顾炎武，前引书，第 12 卷，第 25 页。

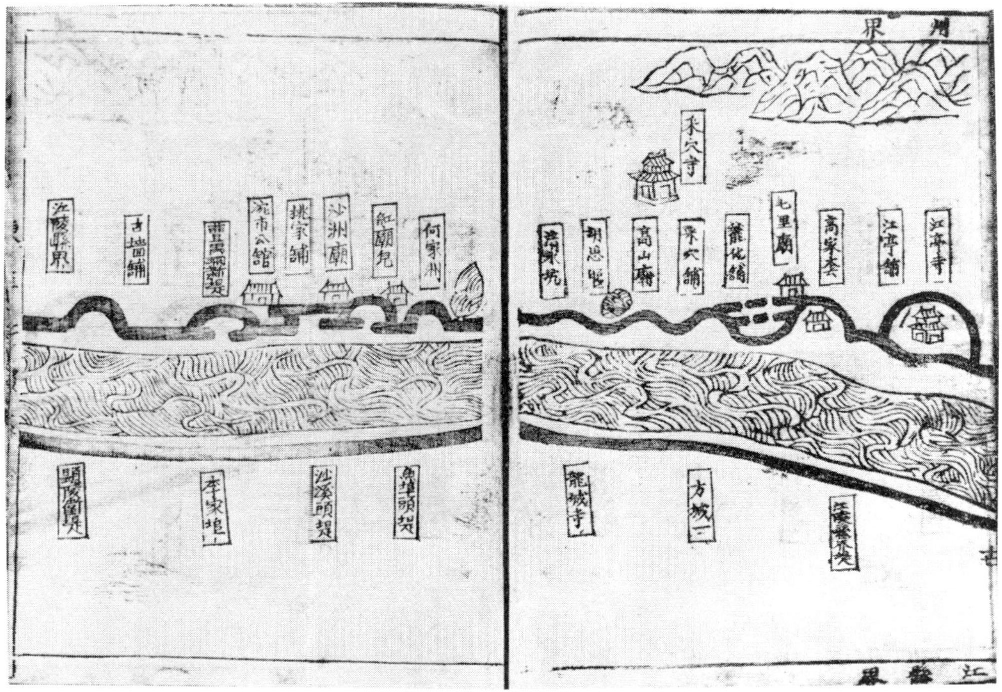

湖北省的长江堤防，选自《江汉堤防图考》(1568 年版)

六　对北方水利的忽视

古代中国的长江流域，是属于一种覆盖有丛森密林的潮湿地区，它给早期移民带来的困难，要比北方的草原地带和黄河三角洲多得多。但是，一旦开始大规模地开发，比如在东晋（公元 265—317 年）大量移民之后所出现的那样情况，就会显示出这一地区的潜力是多么的巨大，它赋予劳动与资本的报酬又是多么的迷人。于是它就轻而易举地开始超过了历史较悠久、文化较发达的北方。

在隋唐时期，由于大运河的建造，社会进步的速度大大地加快了，而这一时期的南方，也确实赶上了北方。不过，在一开始，北方还没有被忽视。由于唐朝是作为一个北方的朝代而兴起的；同时，又由于人们总是认为北方应该是中国生活的重心，这种政治上的惰性在唐朝依然很强固，这样，尽管南方在当时已经取得了经济上的统治地位，而在一段时期内，北方仍未遭到忽视与衰落的命运。

继续注意发展北方的事实，可以从公元 720 年发布的一则诏令中看出，这一诏令把关中这一地方说成是“原田弥望，畎浍连属，仓庾有京坻之积，关辅致亩金之润。”①但是，随着唐朝的衰落与五代（公元 907—960 年）的战乱，以及伴随而来的特别是北方各省的大破坏，忽视北方的现象就开始出现了。当宋朝于公元 960 年从战争中兴起并重新统一中国的时候，重点的转移就更加明显了。这一趋势，可以清楚地从第三章的表中看得出来。从其中可看出主要省份的公共工程项目的数字：

① 缪凤林：《中国通史纲要》第 1 卷，南京，1932 年，第 68 页。

北方各省

	陕西	河南	山西	直隶
唐	32	11	32	24
北宋	12	7	25	20
金,及同时的南宋	4	2	14	4

南方各省

	江苏	浙江	江西	福建
唐	18	44	20	29
北宋	43	86	18	45
南宋	73	185	36	63

有意义的是,即使是在北宋(公元960—1127年)(此时宋朝还统治着整个中国),比起北方来说,还是更多地注意了南方的发展。①

七　五代时期长江流域的小分区

在唐朝,长江流域虽然提供了很大一部分漕粮,然而作为巩固的经济区来说,还未达到成熟的阶段。在克雷西(Cressey)教授的评论中,在描述中国地形上的特征时说:"在长江流域的中国南方各地都是丘陵与山岳之地。"②

正是这些丘陵与山岳,又将这一地区划分成为六个具有不同特点的小分区。在当时经济发展水平的条件下,这些小分区就给

① 或见柳诒徵:《中国文化史》第2卷,第218—219卷。辽(公元907—1125年)金(公元1115—1260年)统治北方诸省,而南宋(公元1127—1279年)建立于南方。在辽代没有可以用得着的灌溉工程资料。

② G. B. 克雷西,前引书,第41页。

统一造成了困难。除了四川、云南同两广(广东与广西)这两个在经济上能自给自足并维持了很长时期独立的地区外,另外四个特殊的独立地区也是自然的地理区划。

这四个地区是唐朝解体时出现的独立国的基础。太湖与钱塘江流域(今浙江与江苏的南部)为吴越(公元 907—977 年)所占。淮河流域与长江下游(今江苏北部,安徽与江西)是吴(公元 907—937 年)所在之地,后来吴被南唐(公元 937—975 年)取代。福建在一段时期之内是闽国(公元 907—945 年)的领土,而现今的湖南与湖北的一部分,曾经是在岐国①(公元 907—922 年)的版图之内。②

整个黄河流域在这一时期中(公元 907—960 年)实际上相继为"五代"所统治;而长江流域,在唐朝由于水利事业的发展,经济上有了很大的进步,但还未进步到足以克服各个独立的、自给自足的地区单位之间所存在着的自然与历史上的障碍。

换句话说,在唐朝曾经提供了大量漕粮的长江流域,相对于黄河流域来说,大体上已确立了基本经济区的地位;但是五代时期的五十三年的历史表明,长江流域依然是由一些很松散的单位所组成,还没有成长为一个紧密结合的单一地区。在三国时期(公元 220—265 年),长江流域所接触到的文化也太浅薄了,以致在它上面不能形成一种范围广泛的、特殊的和强有力的区域。在公元 1279 年③,因蒙古人的入侵,宋朝灭亡了。宋以后,除了四川之外,

---

① 五代时的岐国不在湖南、湖北,而在今陕西宝鸡凤翔一带,其时限为公元 907 至 923 年,与此处所示相差不多。此处的"岐"字可能是"楚"字之误[英语"Chi"(岐)、"Chu"(楚)相近],因为当时在这里建有"十国"之一的"楚国",建都长沙,不过其时限为公元 907 至 951 年。——译者

② 比较欧阳缨《中国历史地图》中第 29—32 页的五幅地图,武昌,1933 年。

③ 原文为 1280 年。——译者

整个流域在交通与文化的统一方面又有了充分的发展，它的各主要部分才得以组成为一个统一的整体。有意义的是，自宋朝以后，中国再也不是分裂的了。

在中国历史上，不是因入侵而导致的两次明显的分裂时期是三国与五代。如果从经济基础的观点或从基本经济区的观点来看这个问题，那么，前一个分裂时期，是由于敌对经济区的兴起而出现的，这些敌对经济区，起到了削弱占统治地位的那些地区的经济霸权的作用；而后一个分裂时期的出现，说明了这个富有生产能力的地区，尚未形成一个统一的整体，以至于内部所存在的分化现象，削弱了它的潜在能力。

所以，在后一个分裂时期中，生产能力较差然而较为统一而且较有组织的黄河流域，虽然数十年间都未能征服南方，但是仍然保持了其统治地位。占领黄河流域的后周（公元 951 年—960 年）是五代中最后的一个朝代，由于它进行了很多建设性事业特别是水利事业而加强了其经济地位。[①] 这些成就便增强了后周的继承者赵匡胤在经济上、政治上的力量，同时也帮助了他再次统一中国，并建立了宋朝。

但是，宋朝作为一个统一的政权，并没有维持很长的时间。鞑靼人连续不断的入侵，把宋朝政权赶到了南方，——这就大大地促进了长江流域的开发（就当时可能达到的技术水平而言的开发）。到南宋末期的长江流域，实质上可以同现代工业化前夕的长江流域等量齐观了。

① 康基田，前引书，第 5 卷，第 48—56 页。

八　南宋时期湖床土地的开发

“大抵南渡后，水田之利，富于中原，故水利大兴。”①从记录在《宋史》中的这寥寥数语，就可以看出在长江流域的开发史上，进入了另一个划时代的新时期。由于辽（公元907—1125年）金（公元1115—1260年）入侵者的压力，迫使宋王朝及一大部分属民带着全部家产来到南方定居。

宋朝的历史，充满了关于治水的记载。朝廷与官僚界似乎比以往任何一个朝代都更多地关心灌溉事业。从一项记载可见到其发展的广度：在1174年，一个官员就曾上报完成了24,451项水利工程，可灌溉其管辖的43个县的44,242顷土地。②

与在杭州建立其新国都的同时，由于人口的急剧增长，就激发了农业生产的发展；而农业生产的发展又需要更多的土地。在中国南部的地理条件下，要解决这一问题，就要探求对沼泽地乃至对某些湖区进行排水的问题。这样，就出现了中国南方农业生产中独具一格的所谓围田或圩田，也就是这里所指的“湖床或河床土地”，或者简单地说就是湖床土地。

人们开始注意湖床土地是在（北宋）政和（公元1111—1117年）年间。南宋时，由于采用了用堤隔水的开垦办法获得了大片湖床与河床土地，使其耕地面积大为增加。因为这种土地通常都低

① 脱脱：《宋史》第173卷《食货志》，第29页。

② 毕沅：《续资治通鉴》第144卷，第3页。

于其四周的水面，所以堤防的任何缺陷都将导致莫大的水患。因而对堤防进行经常的维修，就成为绝对必要的了。

南宋时期（公元1127—1280年），很多的维修工程和新围田及其他水利工程的建造，都是在皇帝的命令下完成的，足以证明这些工程的重要。甚至到了以后的朝代，围田仍然是农业系统中的一个极为完整的组成部分。为了管好这些土地，农民，特别是地方官吏，还担负有沉重的责任。围田一旦出了毛病，不但农民面临饥饿，政府的财政也要受到严重的威胁。

九　围田：一个重大的社会经济问题

然而，对湖床与河床进行垦殖的实践，又产生了一个严重的社会经济问题。在半封建的私有制的情况下，由于农业生产要绝对依赖于被半封建土地利益所支配的政府的治水职能，就引起了若干根深蒂固的矛盾。

一方面，异常肥美的湖床土地，吸引了地主与农民去扩展其耕地面积；另一方面，又消除不了因大量侵占垦殖区所带来的危害——这种危害只有在严格的政府控制下才能避免；而当时政府的性质，又不可能使之制定出一种能适当地发挥其职能的合理的制度。更有甚者，是在军事屯田的借口下，官吏们惯常强占最好的土地，有的还堵塞最重要的，可用来排水的湖泊与河道。南宋时，一个名叫魏京的官员，曾经叙述过由这种状况所引起的后果。他说：

自绍兴末年，因军中侵夺濒湖[1]荡，工力易办，创置堤埂，号为坝田，民田已被其害。隆兴、乾道之后，豪宗大姓，相继迭出，广包强占，无岁无之。

陂湖之利，日朘月削，三十年间，昔日之曰江曰湖曰草荡者，今皆田也。夫围田者，无非形势之家，其语言气力，足以凌驾官府，而在位者，重举事而乐因循，上下相蒙，恬不知怪。

而围田之害深矣。议者又曰：围田既广，则增租亦多。于邦计不为无补，殊不思缘江并湖，民间良田，何啻数千百顷，皆异时之无水旱者。围田一兴，修筑塍岸，水所由出入之路，顿至隔绝，稍觉旱干，则占据上游，独擅溉灌之利，民间无从取水。水溢，则顺流疏缺，复以民田为壑。围田侥幸一稔，增租有几，而当税倍收之。田小有水旱，反为荒土。常赋所损，可胜计哉。[2]

还可以在宋朝及其后各个朝代的史籍与其他文献中，找到关于这个问题的许多类似史料及更多的参考资料。当这种危害影响到国库，致使朝廷不得不采取措施去改善现状时，就要发布禁止开垦湖床与河床的诏令，然而又无济于事。在1183年，甚至在每一块围田区，都立置了一块刻有这种诏令的石碑，这种石碑一共用了1,495块。[3] 但是，局势一点也未改观。工部尚书袁说友，在1196年对皇帝的一则奏疏中，对这种状况作了如下的叙述：

浙西围田相望，皆千百亩，陂塘溇渎，悉为田畴，有水则无地

① 大概是指太湖。

② 《钦定授时通考》第12卷，第12—13页。

③ 脱脱，前引书，第173卷《食货志》，第35页。

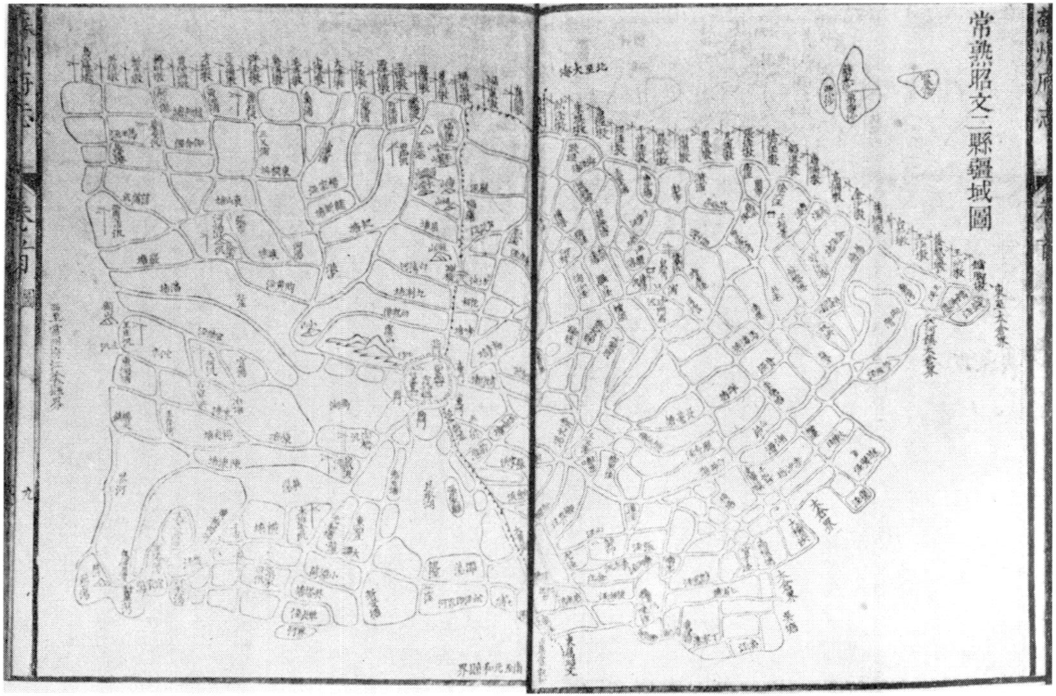

长江下游三角洲地带（江苏常熟、昭文）典型的灌溉与排水系统，选自《苏州府志》（1881 年版）

可潴，有旱则无水可戽。不严禁之，后将益甚，无复稔岁矣。①

政府之所以如此注重处理这种事件，是因为肇事者往往是政府中最有势力的人物。不仅地方政府有这种情况，中央政府也是这样。宋朝学者马端临曾经愤慨地指出，在江东，声名狼藉的大臣蔡京和秦桧，先后都曾占有这种围田。他接着还谈到了其影响：

大概今之田，昔之湖。徒知湖中之水可涸以垦田，而不知湖外之田将胥而为水也。主其事者，皆近倖权臣，是以委邻为壑，利己困民，皆不复问。②

从这一情况看，也就没有必要将肥沃的湖床与河床用于农业产了。因为灌溉与农业是紧密相连的两件事，而且，绝对地需要对它们加以统一的设计与管理才行；而如果一个政府决然没有能力履行其总管这样一个地区的职能时，就会带来麻烦。这种统一的设计与管理，一经在中国出现，因湖川排水而占去的地面就可以大大地缩小，所开垦的土地或许比迄今为止的耕地要多得多。因而，全部问题就可以归结为一个土地制度与国家性质的问题了。

这一直是长江流域自从在宋朝达到了完全成熟的阶段，并成为基本经济区以来的中心的社会经济问题。在我们的时代，要求得这一根本问题连同土地所有制以及政权在内的问题的解决，依然是中国人民的主要任务之一。因而就自然会在整个中国的国土上，出现关于这一影响基本经济区生产能力问题的各种政见。

① 脱脱，前引书，第173卷《食货志》，第35页。
② 刘可毅：《九通通》第9卷，第4页。

十　元朝时期的大运河

南宋王朝由于被这种或那种得不到解答的严重问题所纠缠，其负担日益加重，因而逐渐衰落了，最后，终于屈服于建立了元朝（公元1280—1368年）并再次统一中国的鞑靼入侵者。

出于政治上的一些原因，蒙古人选择了邻近他们家乡并具有战略意义的城砦北平作为首都（他们称之为"大都"）。但是他们很快就领会到了，如果要长期保持在中国的王位，就必须依靠基本经济区的长江流域作为供应基地。

但是，连接涿郡（北平附近）与长江流域的隋运河，走的是一条迂回的路线，这条路线延伸到了沁水流域的西部，而后才向东与淮安到扬州的南北向运河相会合。隋运河的路线，是为隋唐时期的首都长安服务的。当然也适应北宋的需要，因当时其首都在开封。而元朝选定的首都是在海河流域的大都，因此这条路线也就不再方便了。

此外，南宋的军队在1128年挖开了黄河大堤，蓄意毁坏了运河的北段。[①] 鉴于这个原因，以及在南宋与北方的鞑靼各王朝长期军事冲突期间所受到的危害，到了元朝掌握政权之时，隋运河已经是非常残破了。

在元朝的某一时期，海运虽然是很重要的，但对人命的威胁与货物的损失是极大的。所以元朝仍然强调主要依靠内地的运河进行运输。因此，改建大运河就成了它的行政机关所要办理的主要

① 康基田，前引书，第6卷，第79页。

任务之一了。

被明、清两代使用过,而且一直存在至今的元运河是由六个部分组成的。第一部分称为通惠河,从首都流至通州,它是在治水权威郭守敬的监督之下,由19,228名士兵、542名工匠、319名水手和192名囚人,从1292年春季至第二年秋季建成的。竣工后的运河长170里又104步。[①②] 第二部分称为白河,它连接了通州与直沽(天津以北),由于在元朝经常对它进行改善与疏浚,故方便了谷物的运输。第三部分称为御河,从直沽延伸到临清,实际上它是一段经过改善并能通航的卫河。它的南端则流入元运河的第四部分会通河。会通河从东昌(在山东省)的须城县流至临清,以汶水作水源。该运河开挖于1289年,全长250里,有31个闸[③];在建造中用了2,510,748个工日。[④] 第五部分称为扬州大运河,在三岔口(在山东省陵县)从会通河向南流。第六部分就是所谓镇江运河,它从镇江流至常州的吕城堰。再南的部分,则程度不同地走隋运河的水道。元及以后各朝在这段运河上所花费的劳动,主要是出自维修与改善两方面的目的。

十一　运河的维修与黄河的防洪

元运河在元、明两代以及在清朝起到了南北交通干线的作用。

① 柯劭忞:《新元史》第53卷《河渠书》,第1—2页。

② "步"为长度单位,见第95页脚注。——译者

③ 柯邵忞,前引书,第53卷,第8—9页。

④ 一个男劳力,从日出劳动到日落,通常称为一个日工。这种计算劳动量的方法,今天在中国仍然流行。

而这三代的当局所面临的主要问题，是由运河与黄河交叉所引起的问题。

运河维修与黄河防洪之间的密切关系，大大提高了这两方面的重要性，同时，也提高了官僚体系中主管这两项工作的行政官员的地位。伟大的明朝专家潘季驯对这两大任务之间的密切关系作过清楚的阐述，他说：

> 然以治河之工，而收治漕之利。漕不可以一岁不通，则河不可以一岁不治。一举两得，乃所以为善也。故元、宋以前，黄河或北或南，曾无宁岁。我朝河不北徙者二百余年。此兼漕之利也。①

从这一关系中，指出如下一点是重要的：即整个中国半封建时期中，政府总是把谷物运输的利益放在灌溉与防洪利益之上。因为前者主要是一种私用行为，或者说是统治者对其既得利益的一种直接享受的行为，同时，也是出自一种明显的需要，即利用同粮供养兵力来维持其政权。而灌溉与防洪，尽管也是生死攸关的事，但那是一个更直接关系到农民生活的问题，对统治者来说，同私用目的与政权的维护相比，就不那么重要了。

也许由于半封建时期官僚的地位，决定了他们眼光的短浅，这一点可以从1588年由潘季驯向帝王呈送的一份奏折中清楚地看出来。在这个奏折中，他指出在靠近三门和渍津以下的黄河堤岸之所以容易溃决，只怪“非运道所经，往往忽视”②。潘对这种忽视

① 潘季驯：《河防全书》第3卷，第36页。

② 《河南通志》第14卷，第23页。

现象予以批判,不是因为它给河南省数百万人民带来了灾难与痛苦,而是因为“上源既决,运道未有不阻者”。

只要这数百万人民所受的苦难,还没有严重到迫使他们需要造反的地步,反动统治者对人民的疾苦是不会过问的;而如果财经紧张且需要维护他们对经费的使用权时,他们才会心急如火。前面所提到的防洪方针,就是以劳动人民的痛苦现实为背景的。这就是一种强权政治的法则,这一法则,决定了水利事业发展的进程,也支配了中国历史上基本经济区的转移。

十二　将海河流域发展成基本经济区的尝试

建立元运河是元朝在治水方面的最大成就。但第三章的资料表明,它在这方面的记录,总的说来,远比明、清两代为少。而明朝在这一事业中的良好开端,应归功于其开国皇帝明太祖,在他统治之初就规定,人民以及官吏如果上书谈到“水利”者,就要立即陈奏。

在他统治的第二十七年(公元 1394 年),他又命令工部,要对陂、塘、湖、堰作必要的维修,并派遣国子监的监生们和专门人才到各省去监修水利。第二年冬,由全国各地送来的报告表明,总计完成了 40,987 处塘堰工程。①

清朝在这方面的记载也是可观的。在康熙(公元 1662—1722 年)、雍正(公元 1723—1735 年)和乾隆(公元 1736—1795 年)各时

① 张廷玉:《明史》第 88 卷《河渠书》,第 1 页。

期，完成了很大一部分值得注意的灌溉与防洪工程项目。这三代的治水活动大都集中在漕粮的主要供应地长江流域，因而忽视了北方诸省。

但是，也不是所有北方各省都遭此厄运。位于海河流域的“畿辅”（首都所在地），就受到了特殊的待遇，而且，在中国水利史上，写下了很有趣味的一章。受到特殊待遇的理由有两方面。其一由明朝官员徐贞明（公元1590年卒）曾经谈过了。他在一份建议改善首都地区水利问题的上书中指出，首都驻军的粮食供应，应该引起高度重视，“宜近取诸畿甸而自足”，他还说；“乃食则转漕，兵则清勾，若皆取给于东南，不可一日缺者。”①

第二方面的理由，则由著名的清朝大臣林则徐（公元1785—1850年），即1840年在广州进行“鸦片战争”的林钦差最为清楚的阐述了。他在一份对皇帝的奏折中指出：“国家建都在北，转粟自南，京仓一石之储，常糜数石之费，奉行既久，转输固自不穷。而经国远猷，务为万至计，窃愿更有进也。”②在同一份奏折中，他还计算过，如果在直隶（现河北）增开2万顷土地，每年就可以生产需由南方运来的四百万担漕粮。③

所以，元、明、清的官吏们从节省运输费用和使首都粮食自给特别是军队粮食自给的观点出发，再三提出要把直隶变成“第二江南”的计划，换句话说，要在首都所在地附近建立一个基本经济区。

在1352年④，在宰相脱脱的建议下，元朝皇帝曾下令，西自西

① 徐光启：《农政全书》第12卷，第8页。
② 《畿辅通志》第91卷，第71页。
③ 同上。
④ 据《元史·顺帝纪》记载，此事发生在至正十三年，即公元1353年。——译者

山，东至迁民镇，南自保定、河间，北抵擅、顺的海河流域的全部政府土地，以及过去曾用来作过军屯的土地，都要分配给佃户，在谷物分成的基础上佃种。在定居开始时，由政府提供工价、牛具、农器与谷种。还决定从江南招募能种水田和能修围堰的人各一千名，作为农师。据《元史》记载，由于这些努力，这一地区每年都获得了好收成。①

元、明与清时期的许多官吏，还作过不少类似的尝试与建议。不过，我们也没有必要深入地去研究其细节。他们所提出的各种议论的方向及各种建议的纲领，其效果实际上是一样的。脱脱所作的工作，就是其中的一种例子，也是最早的尝试之一，后来在议论有关问题时经常都要提到它。

然而，这一系列发展海河流域的尝试，其直接的效果，都不令人很受鼓舞。从一种改进的效果看，虽然偶尔也有好收成报上来，但这种想用直隶所生产的粮食代替江南运来的漕粮，并想无需再从南方运输谷物的希望，却从来都未实现过。

十三　元、明、清时期的基本经济区——长江流域

长江下游流域，早在唐朝（公元 618—907 年）就取得了基本经济区的地位，但是，由于其内部各分区联系松弛，因而，就不具有决定性的政治重要性。可是，从南宋（公元 1127—1279 年）以后，由于内部各区的结合日益紧密，在以后三代则有了进一步的发展。

① 《畿辅通志》第 90 卷，第 5 页。

元朝（公元1280—1368年）作为一个侵略者的政权，是从北方统治着中国的，但是，在整个这一朝代中，其统治集团对南方的富裕，表现了某种恐惧，并对南方的各种潜力感到惊慌。为了减少这种恐惧而采取的政策，就是改善漕运制度，并企图使直隶成为第二江南。

在明朝的创立者朱元璋崛起于淮河流域的时候，他就已经发现其最强大的敌人是在长江流域。所以，当他再一次统一中国之后，就把首都选定在金陵（南京）。由于纯粹的政治原因，成祖又将首都迁到北方，自此以后，明朝就同样面临着元朝曾经遭遇过的困难：政治基地与经济基地相隔着一段遥远的距离。清朝出于与元朝的创立者蒙古族相同的理由，也选择了北京作为首都，因而在其整个统治时期中，也是烦恼于同样的存亡攸关的问题。

长江流域在经济与政治重心问题上所具有的魅力，还表现在这一地区中主要城市南京城的重要性的不断增长。南京的基本经济地位，在下述的一篇太平天国（公元1851—1863年）的文献中很精辟地作了描述：

> 湖北、河南、金陵（南京），皆为天下（中国）之中，然湖北、河南皆有水患，惟金陵地势崇隆，民情富厚，且天下粮食尽出于南方，如江西、安庆等省顺流而下，运粮亦甚便易。至浙江、江苏，其地更近，尤为迅速。若东西南北，万邦皆来附，为适中之地，宜建天京者也。①

① 沈世初："建天京于金陵论"，发表于《太平天国史料第一集》（该资料为北京大学程演生辑，1926年初版。——译者）第2卷，第9页。

这些话,是在南京真正成了这一地区的领导城市的时候写的,以后,由于基本经济区的性质与面貌的变化,南京在政治上便处于附属于上海的有失体面的地位。以南京为其领导城市的长江流域的基本经济区的地位,随着在上一世纪中叶中国孤立状态的打破而破坏了,中国的历史也就开始了一个新纪元。

十四　一般结论——基本经济区的变化性

从以一种概念上的想法去研究地区关系的问题来说,到此为止,已经用基本经济区这样一个概念,阐明了中国半封建时期中地区关系的特征。在这一时期中,农业,特别是灌溉耕作事业,是一种居于领导地位的事业;在这一时期中,农业生产又要依赖于由国家兴办与维修的各类水利工程所发挥的特有作用;在这一时期中,由地主官僚统治着的国家机器,总是把治水活动作为政治斗争中的一种经济武器,和发展与维护基本经济区的一种主要手段,而这一基本经济区,就是统一管理那些在不同程度上独立自给地区的经济基地。这种性质的国家,完全不同于现代意义上的国家。这种国家内部组织的松散性与各地区自给自足的特性,大大地扩大了地区关系问题上的重要性与困难,从而,也就显示了作为统一管理的,物质基础的基本经济区是多么的必要。因此,对这样一个国家来说,就可以理所当然地把它的公共水利工程看成是一种武器;这个国家为巩固其基本经济区所采取的应急措施,实际上也就无形中支配了它的各项政策。

为了研究从公元前 255 年到公元 1842 年的历史过程,在前面

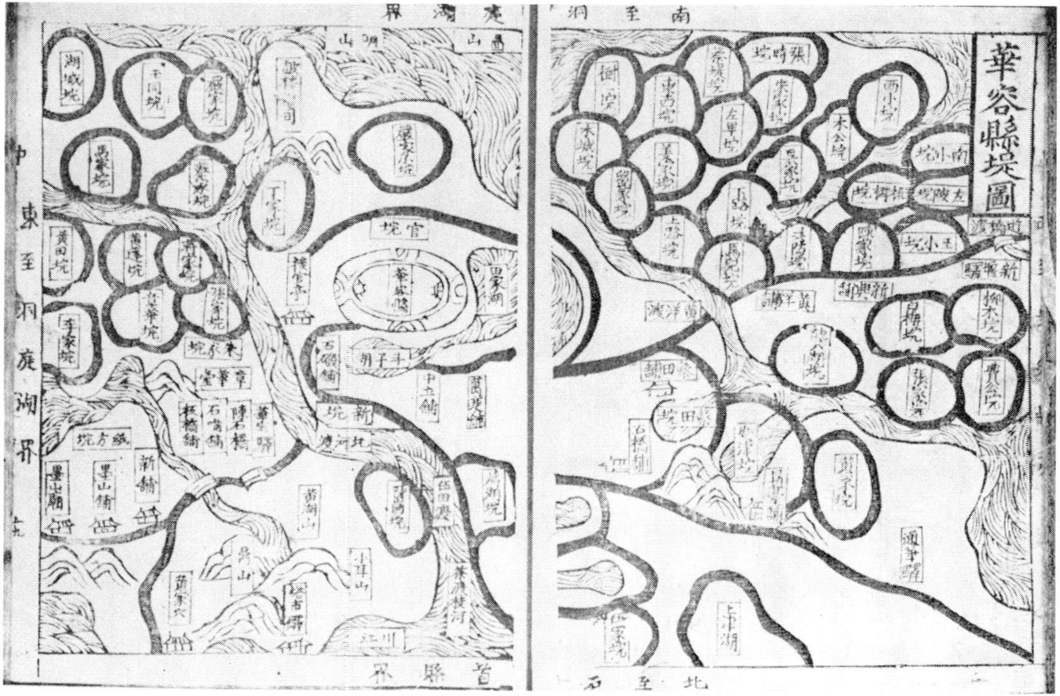

湖北与湖南省的湖床与河床灌溉系统（湖南华容），选自《江汉堤防图考》（1568 年版）

已系统阐释了基本经济区的概念。然而,要着重指出的是,这一概念对这一历史过程之后的情况就不适用了,因为以后的情况,由于中国开放世界贸易,及在十九世纪中叶受到工业主义的影响而发生了巨大的变化。随着铁道的修建,工商业的发展以及海外贸易的出现,公共水利工程作为政治武器的作用已大为降低。农业生产作为政治与军事力量的衡量尺度来说,也就失去了其支配意义。

以后的主要政治问题,不再只是一个在中国各部分之间哪一地区占支配地位的问题,而变成帝国主义列强瓜分中国的问题了。起到列强的经济与政治行动基地作用的商埠,就成了强有力的经济与政治重心,每一个港口控制着中国的一个主要区域。各个不同的港口(著名的有上海、汉口、广州与天津),就把国家的经济与政治生活引向了不同的方向,因而,又出现了一种新的地方分裂与相互杀戮的局面。新分成的地区的地理轮廓,大体上说来,与老的是一致的,主要是以地形条件为标志;但是,其经济基础以及新区划的含义,与老的则全然不同了。如果将基本经济区这一术语用于这种新的局面,那么,它的含义就必须大大地加以引申,实际上也就是要重新下定义。例如,长江流域就不再是本论文所定意义的基本经济区了,尽管在现代中国,它仍然好像占据着支配地位。由于对外开放,前一段中国的历史便告结束,对于新关系的描述与新事态的分析,则要使用新的概念了。

参 考 文 献

（附重要中文史料的说明）

一、书目与一般参考书

1. 中文类

瞿宣颖:《方志考稿》,私人印刷,1930 年第 1 版。仅出第 1 辑(三卷)。这是一部记述地方志的书,全书完成后,将记述天津藏书家任凤苞私人收藏的约 1500 种地方志。

范文澜:《正史考略》,北平文化学社 1931 年版,294 页。是一本在查阅二十五史史事方面非常方便可靠的书。

毛颛:《中国农书目录汇编》,1924 年南京大学图书馆发行。本书目中列举了 286 种有关"水利"方面的文献。

欧阳缨:《中国历代疆域战争合图》,武昌,亚新地学社 1933 年第 3 版。包括 46 幅地图与注释。虽不很令人满意,但仍是这方面最好的书。

苏甲荣:《中国地理沿革图》,上海,日新地理学会,1930 年,修订第 3 版。

臧励龢等:《中国古今地名大辞典》,上海,商务印书馆 1931 年版,1410 页。是在这方面的最佳著作。其他同类著作没有一本包罗了如此广泛的内容。

袁同礼等:《国立北平图书馆方志目录》,国立北平图书馆出版,1933 年。本目录收录了世界上大量的该类书目,共达 5200 多条,其中包括许多罕见书。

2. 西文类

H. 科迪埃(Cordier):《中文书目》(*Bibliotheca Sinica*)。是一部关于中华帝

国图书目录的辞典,还有大量的增补资料。巴黎,(E. Cuilmete),1904—1908 年,4 卷。附录及索引,1922—1924 年,巴黎,(P. Couthner)。

L. C. 古德里奇(Goodrich)和 H. C. 芬恩(Fenn):《中国文明与文化历史纲要》(*A Syllabus of the History of Chinese Civilization and Cuture*)。有图和表格说明。纽约,"美国中国学会"(The China Society of America),1929 年,51 页。本纲要包括有对英语语言有使用价值的中国历史方面详尽和精选的文献目录。

P. 黄(Hoang):"中国与欧洲年历对照表"("Concordance des Chronologies Néoméniques chinoise et européenne"),《汉学家杂志》(*Variétés Sinologiques*)第 29 期,上海,天主教教会印书馆,1910 年。

E. L. 奥克斯南(Oxenham):《从最早时期至清朝的中华帝国历史地图集》(*Historical Atlas of the Chinese Empire from the Earliest Times down to the Present Great Ching Dynasty*)。本书载有中国主要朝代的主要城镇和首都的名称。第 2 版还提供了有英语对照的原始中国地图。伦敦,英国地理学会(The Royal Geographical Society),1898 年。

G. W. H. 普莱费尔(Playfair):"中国的城市与城镇"("The Cities and Towns of China"),《地理辞典》(*A Geographical Dictionary*)第 2 版,上海,凯利和沃尔什,1910 年,594 页。

常,马赛厄斯(Mathias):"远东历史(包括中国、日本、朝鲜、越南、蒙古等)及中国历代年号与基督教全部历史年代对照表"("Synchronismes chinois, Chronologic complete et concordance avec l'ére chrétienne de toutes les dates concernant l'histoire de I'Extréme-Orient[Chine, Japon, Coreie, Annam, Mongolie, etc.]")(2357 av. J. C. —l904 apr. J. C.)。《汉学家杂志》(*Variétés Sinologiques*)第 24 期,上海,天主教教会印书馆,1905 年。这是一份关于历史资料方面的最好的参考文献。

二、中国治水专著

1. 中文类

靳辅:《治河方略》,10 卷,1767 年版。作者是清朝杰出的官员,其成就主要表现在治水方面。本书包括有黄河、大运河与淮河的详细地图,有关于作者作为最高水利官员的工作档案资料,有关于黄河的洪水与防洪的历史年表和关于对黄河、大运河与其他河流历代航道情况的研究,以及湖泊与陂塘的情况。书末附有一篇由卓越的水利专家、靳辅的幕客陈潢撰写的关于治水技术原理的文章。本书是一部在这一领域中可与潘季驯《河防全书》齐名的杰作。后来的官吏都以此书作为工作指南。

傅泽洪:《行水金鉴》,175 卷,1725 年。《四库全书总目》认为本书是一部关于灌溉渠道、水道、河流治理等科目的最为详尽与全面的论著。它主要是由广泛摘录的各类原始材料组成的。它还包括了各条主要河道的许多有趣味的地图(《四库全书总目》第 69 卷,第 6 页)。1831 年,由江南副总河潘锡恩编辑出版了《续行水金鉴》,156 卷,图 1 卷,该书最初由前江南河道提督军务黎世序创稿。

胡渭:《禹贡锥指》,20 卷,1705 年初版。在评注《禹贡》方面是一部很详细的、权威性的著作。其研究的范围是相当广泛的,以至完全可以把它看成是中国历史地理方面的专著。对历史时期中黄河河道变迁的研究,以及描绘汉、唐、宋、元、明各时期中黄河改道的那一卷地图,是本书最大的特色之一,而且实际上为以后的所有有关著述奠定了基础。《四库全书总目》指出,胡渭几乎参阅了现存的历代所有关于《禹贡》的评注及方志、舆图,并且认为宋、元、明时期"数十"位学者对《禹贡》所作的几十种注释中,以此书为冠。(《四库全书总目》第 12 卷,第 85 页。)

康基田:《河渠纪闻》,20 卷,1804 年版。关于本书的一篇序言中,有名的桐城学者姚鼐,曾说到作者任河南河道总督时积累了丰富的治水实践经验。他以工作极为热心著称,并经常亲自与下属一道参加现场工作。本书体现了渊博的学识、实践的知识与历史的洞察力。它实际上论及了各个朝代的全部主要治水活动。本书是这一学科中最好的著作之一。

顾士琏:《水利五论》,1655 年作为《娄东杂著》之一刊行。

刘光黎:《中国土木行政》,北京,内务部印书局 1919 年版,198 页。本书写得很差,表明作者不懂这一学科,但作为事实材料的汇编来说,还有用。

潘季驯:《河防全书》,12 卷。出版时间不清楚,但作者自序的时间为 1590 年。在嘉靖(公元 1522—1566 年)与万历(公元 1573—1620 年)间,作者曾四奉治河之命,在事 27 年。他无疑是明朝在这方面最伟大的权威。本书中有一幅关于黄河与大运河的详图及其注释与说明。书中包括有皇帝的诏令与对皇帝的奏折以及其他关于治河与水道方面的公文,还有由作者提出的关于这一学科各方面的、各种有启发性的问题讨论,这些问题的讨论是以论战的形式写成的,与作者论战的对方是设想的、对有关问题持怀疑态度者。本书被当作这方面的实际工作者的指南已有好几个世纪了。清朝的《四库全书总目》载:“后来虽时有变通,而言治河者终以是书为准的。”(《四库全书总目》第69卷,第3页。)

施笃臣:《江汉堤防图考》,3卷,1568年刊行。本书包括了一篇很有趣的关于长江流域防洪问题的长篇引言。本套书中每一幅地图都附有大约两页的注释。

宋希尚:《说淮》,南京,清华书局1929年版,152页。有地图及附表。

董恂:《江北运程》,40卷。清朝后期刊行,具体时间不详。它包括有大运河的详图,沿程各地的名称及其间的距离。实际上,记载了从北平到扬州整个运河上所有的陂塘与闸门。

2. 日文与英文类

青山定男:“唐宋汴河考”(日文)(“Study on the Pien Canal in the Period of T'ang and Sung”),《东邦学报、东洋学会机关志》(*Toho Oakuho*, *Journal of Oriental Studies*)第2期,东京,1931年12月,第1—49页,有图。由东洋文化协会(the Academy of Oriental Culture)出版。东京,东京学会。

W. R. 卡利斯(Carles):“中国的大运河”(“The Grand Canal of China”),《中英协会》(*Jour. China Br. R. As. Soc.*, *N. S.*)第31卷第1期,1896—1897年,第102—115页。

F. A. 金(King):“中国惊人的运河”(“The Wonderful Canals of China”),《国家地理杂志》(*The National Geographic Magazine*),华盛顿,1912年10月,第931—958页,有图及说明。

三、地方志及其他地理文献

1. 地方志

何绍基等:《安徽通志》,360卷。1877年刊印。第61—64卷为“河渠”内容,第65—68卷为“水利”内容。

沈翼机等:《浙江通志》,283卷。1736年序,1899刊印。第52—61卷为“水利”内容。

黄彭年等:《畿辅通志》,300卷。1871年成书并进呈朝廷,1910年出版。

第75—91卷为“河渠”内容。
陈寿祺等:《福建通志》,278卷。1829年成书,1868年刊印。第31—37卷为“水利”内容。
孙灏等:《河南通志》,80卷。1869年序,1902年刊印。第12—16卷为“治河”内容,第17—19卷为“水利”内容。
曾国荃等:《湖南通志》,314卷。1885年序。第46—47卷为“堤堰”内容。
张仲炘等:《湖北通志》,172卷。1921年刊印。第39—42卷为“堤防”内容。
李迪等:《甘肃通志》,50卷。1736年序。第15卷为“水利”内容。
黄之隽等:《江南通志》,200卷。1736年序。第49—66卷为“河渠”内容。江南包括现江苏与安徽省。江苏省没有出版过省志,所以,关于江苏省的情况,特别是本书第三章所需要的材料,就可以利用本方志中相当于现今江苏省境土中的资料了。
刘绎等:《江西通志》,185卷。1881年序。1882年刊印。第62—64卷为“水利”内容。
靖道谟等:《贵州通志》,46卷。1741年进呈。无“水利”方面的重要资料。
胡虔等:《广西通志》,279卷。1801年序。第117—120卷为“水利”内容,但无编年资料。
陈昌齐等:《广东通志》,334卷。1822年序,第115—119卷为“水利”内容。
吴中奇等:《临颍县志》,8卷。1660年版。
王轩等:《山西通志》,184卷。1887年出版。第66—69卷为“水利”内容。
岳濬等:《山东通志》,36卷。1736年序。第18卷为“防洪”内容。
沈青崖等:《陕西通志》,100卷。1735年刊印。第39—40卷为“水利”内容。对历史上关中地区水利工程原始资料搜集得最为理想。
杨芳灿等:《四川通志》,204卷。1815年序。第23卷为“堤堰”内容。
冯桂芬等:《苏州府志》,150卷。1881年版。第9—11卷为“水利”内容。有很详尽的档案材料。郏亶于1070年写的“苏州水利书”和单锷于1088年写的“吴中水利书”这两种在本领域中闻名的经典著作亦转载于此。
王崧等:《云南通志》,217卷。1836年刊印。第52—54卷为“水利”内容。

2. 地理研究(中文)

张其昀:《本国地理》卷1与卷2。上海,商务印书馆,第1卷,1926年,268页;第2卷,1928年,490页。是现有中文版本中最好的教科书。

顾祖禹:《读史方舆纪要》,130卷。彭元瑞校订,1774年,宏道堂版。记载了中国从古代到17世纪发生的地理变化。它对一些地区与要地的经济和战略意义,作了很有价值的讨论。它是一部中国历史地理方面的佳作,是研究中国历史不可多得的地理指南。日本学者青山定男已将本书所包括的历史地理名称连同今名一起编纂成了一部很好的索引,并提供了一篇很有学识的作者略传。该书书名为《中国历代地名要览》,1933年由东洋文化学会出版。

顾炎武:《天下郡国利病书》,120卷。成书于1662年,出版于1811年,龙万育刻本。这一不朽著作特别强调中国地理的军事方面,但也广泛讨论了经济与政治方面的问题。作者是第一个大量利用地方志作为原始材料的杰出学者。他还广泛辑录了历代官吏对皇帝的奏折和著名学者的论文。本书是一部研究中国历史、地理、经济及政治与军事的绝对必备之书。

《禹贡》,中国历史地理方面的双周刊,由顾颉刚与谭其骧共同编辑,于北平出版,1934年创刊。

3. 地理研究(日文与西文)

G. B. 巴伯(Barbour):"中国的黄土"("The Loess of China"),《中国科学与艺术》(*The China Journal of Science and Arts*)第4卷第8、9期,1925年8月、9月,第454—463页和第509—517页。

C. F. P. 布鲁克斯(Brooks):《若干世纪中的气候:气候因素及其变化的研究》(*Climate through the Ages*:*A Study of the Climatic Factors and their Variations*),伦敦,埃尔里斯特·伯恩有限公司1926年版,第424页。

竺可桢:"中国历史时期中的气候变化"("Climatic Pulsation During Historic Times in China"),《地理评论》(*Geographical Review*)第16卷,纽约,1926年,第274—282页。

G. B. 克雷西(Cressey):《中国的地理基础:土地及其人民概观》(*China's Geographic Foundations*:*A Survey of the Land and its People*),纽约,麦格劳·希尔书局,1934年,394页。

A. E. 道格拉斯(Douglas):《气候周期与树木生长:树木年轮同气候与太阳活动的关系的研究》(*Climatic Cycles and Treegrowth*:*A Study of the Annual Rings of Tree in Relation to Climate and Solar Activity*),首都华盛顿,卡内基学院,1919年,123页;第2卷,1928年,158页。华盛顿卡内基学院,出

版号 289。

J. 菲尔格瑞夫(Fairgrieve):《地理与世界势力》(*Geography and World Power*),伦敦,伦敦大学出版部,1917 年,355 页。

J. 南(Nann):《气候学手册》(*Handbook of Climatology*),第 1 部分:《一般气候学》(*General Climatology*),由罗伯特 · 德库西 · 沃德(Robert de Courcy Ward)翻译,纽约,麦克米伦公司 1903 年版,429 页。

A. 霍西(Hosie):"中国在公元 620—1643 年的干旱"("Droughts in China, A. D. 620—1643"),《英国亚洲学会华北部》(*Journal of the North China Branch of the Royal Asiatic Society*)第 12 卷(N. S.),1878 年,第 51—89 页。

A. 霍西(Hosie):"中国在公元 630—1630 年的洪水"("Floods in China, 630—1630"),《中国评论》(*China Review*)第 7 卷,1878—1879 年,第 371—372 页。

E. 亨廷顿(Huntington):《种族的特征》(*The Character of Aaces*),考虑天然环境、自然选择与历史发展的影响,纽约,查尔斯 · 斯克里布纳之子 1924 年版,373 页。特别是第 148—204 页。

W. G. 肯德鲁(Kendrew):《气候:天气与气候原理的论文》(*Climate:A Treatise on the Principles of Weather and Climate*),牛津,格拉伦登出版 1930 年版,320 页。

W. G. 肯德鲁(Kendrew):《欧洲大陆的气候》(*The Climates of the Continents*),牛津,格拉伦登出版社 1922 年版,374 页。

W. C. 鲁德米克(Lowdermilk)和 J. R. 史密斯(Smith):"土壤侵蚀问题"("Notes on the Problem of Field Erosion"),《地理评论》(*Geographical Review*)第 17 卷第 2 期,纽约,1927 年 4 月,第 227 页。

T. L. 莱昂(Lyon),E. O. 菲平(Fippin)和 H. O. 巴克曼(Buckman):《土壤:它们的性质与处理》(*Soils:Their Property and Management*),纽约,麦克米伦公司 1915 年版。

A. A. 米勒(Miller):《气候学》(*Climatology*),伦敦,梅修因及有限公司 1931 年版,290 页。

大村钦一:《中国政治地理》(日文)(*Political Geography of China*),2 卷。上海东洋协会出版。第 2 版,1916 年。是这一领域中的一本权威著作。包括有中国各地区许多有用的水道图。

L. 理查德(Richard):《中华帝国及其附属地区的综合地理》(*L. Richard's Comprehensive Geography of the Chinese Empire and Dependencies*)。由 F. M.

肯内利(Kennelly)翻译,上海耶稣会,杜瑟威[1]印书馆1908年版。

E. F. 里奇索芬(Richthofen):《巴伦·里奇索芬书简》(*Baron Richthofen's Letters*),1870—1872年,第2版,上海,“华北联络处”(“North China Herald Office”),1903年。

J. 西翁(Sion):《季风的亚洲》(*Asie des Moussons*),巴黎,阿曼德·科林,1928—1929年,2卷。

丁文江:“格兰特教授的‘中国文明’”(“Professor Granet's ‘La Civilization Chinoise’”),《中国社会与政治科学评论》(*The Chinese Social and Political Science Review*)第15卷第2期,1931年7月,第268页。

L. A. 沃凡格尔(Wolfanger):“世界土壤区划与地理关系”(“Major World Soil Groups and some of the Geographic Implications”),《地理评论》(*Geographical Review*)第19卷第1期,纽约,1929年1月,第106—107页。

四、正史及关于中国历史方面的其他著作

1. 历代“正史”(按年代顺序排列)

司马迁:《史记》,130卷。记自远古至公元前122年。

班固等:《汉书》,120卷。记自公元前206年至公元24年。

范晔:《后汉书》,120卷。记自公元25年至220年。

陈寿:《三国志》,65卷。记自公元220年至265年。

房乔[2]等:《晋书》,130卷。记自公元265年至419年。

沈约:《宋书》,100卷。记自公元420年至478年。

肖子显:《南齐书》,59卷。记自公元479年至501年。

姚思廉、魏徵[3]:《梁书》,56卷。记自公元502年至556年。

姚思廉:《陈书》,36卷。记自公元557年至589年。

魏徵:《魏书》,114卷。记自公元386年至556年。

李百药:《北齐书》,50卷。记自公元550年至589年。

---

① 为译音。——译者

② 亦名房玄龄。——译者

③ 魏徵只是监修与参定了本史的论赞而已。——译者

令狐德棻:《周书》,50 卷。记自公元 557 年至 589 年。
李延寿:《南史》,80 卷。记自公元 420 年至 589 年。
李延寿:《北史》,100 卷。记自公元 386 年至 581 年。
魏徵等:《隋书》,85 卷。记自公元 581 年至 617 年。
刘昫等:《旧唐书》,200 卷。记自公元 618 年至 906 年。
欧阳修、宋祁等:《新唐书》,255 卷。记自公元 618 年至 906 年。
薛居正等:《旧五代史》,150 卷。记自公元 907 年至 959 年。
欧阳修:《新五代史》,75 卷。记自公元 907 年至 959 年。
脱脱等:《宋史》,496 卷。记自公元 906 年至 1279 年。
脱脱等:《辽史》,116 卷。记自公元 907 年至 1125 年。
脱脱等:《金史》,135 卷。记自公元 1115 年至 1234 年。
宋濂等:《元史》,210 卷。记自公元 1206 年至 1367 年。
柯劭忞:《新元史》,257 卷。记自公元 1280 年至 1367 年。
张廷玉等:《明史》,332 卷。记自公元 1368 年至 1643 年。
柯劭忞等:《清史稿》,536 卷。记自公元 1644 年至 1911 年。由于本书亲清倾向性,在中国被明令禁止。①

2. 中国历史研究(中文)

《中国社会史论战》,4 卷。由《读书杂志》中最初刊登的专稿与论文汇集而成。出版时间:第 1 卷,第 3 版,1932 年 5 月;第 2 卷,1932 年 3 月;第 3 卷,至今未被采用;第 4 卷,1933 年 3 月。
谢无量:《中国古田制考》②,上海商务印书馆 1932 年版,95 页。分析很肤浅,但所搜集的资料有用。
徐中舒:“耒耜考”,《中央研究院历史语言研究所集刊》第 2 卷第 1 部分,第 11—59 页。1930 年,北平版。
顾颉刚:《古史辩》,2 卷。北平,朴社。第 1 卷,1926 年,104/286 页;第 2 卷,1930 年,545 页。
顾炎武:《历代宅京记》,20 卷。刊印于 1907 年。碧琳琅馆丛书本。前 2 卷是关于首都选择的总论,其余各卷则专论历代首都,如关中、洛阳、成都、建业,还包括有关于城郭、宫室、寺观等建置年月的详细情况。《四库

① 原文如此。——编者注
② 原文为《中国古代田制考》。——译者

全书总目》称赞本书征引详核,考据亦颇精审,还特别肯定了顾炎武在地理研究方面的权威性。

郭沫若:《中国古代史研究》,上海,近代图书公司,1931 年。6/313/20/29 页。

李炳华(女):《中国农业经济史》,纽约,哥伦比亚大学出版社 1921 年版,461 页。

刘可毅:《九通通》,248 卷。1902 年第 1 版。本书实际上是转载杜佑《通典》、马端临《文献通考》与郑樵《通志》中的全部资料,以及后来的作者为上述三部书所写的续集的内容,只是删去了一些在各类书籍中曾不止一次重复出现过的资料。

柳诒徵:《中国文化史》,卷 1、卷 2。1932 年,南京,中山书局,528/544 页。胡适对本书所写的有趣评论载《京华杂志》第 8 卷第 2 期,北平,1933 年 7 月。

缪凤林:《中国通史纲要》,卷 1、卷 2。1932 年,南京,中山书局,418/400 页。全书尚未写完。

谭其骧:"中国内地移民史——湖南篇",《史学年报》第 4 期,1932 年 6 月。是一篇很有兴味的论文。

陶希圣:《中国社会史的分析》,上海,新生命书店 1929 年版,265 页。

陶希圣:《中国社会与中国革命》,上海,新生命书店 1929 年版,320 页。

陶希圣:《西汉经济史》,上海,商务印书馆 1931 年版,88 页。

万国鼎:《中国田制史》,第 1 卷,南京,南京书局 1933 年版,394 页。

王志莘:《宋元经济史》,上海,商务印书馆 1931 年版,150 页。

王桐龄:《中国史》,4 卷。1931 年,北平,北平文化协会,384/800/590/430 页。

杨东蓴:《本国文化史大纲》,上海,北平书局 1931 年版,542 页。

3. 中国历史研究(日文与西文)

C. W. 毕晓普(Bishop):"中国文明的兴起与其地理状况的关系"("The Rise of Civilization in China with Reference to its Geographical Aspects"),《地理评论》(*Geographical Review*)第 22 卷第 4 期,纽约,1932 年 10 月,第 617—631 页。

陈正①,H. 索菲娅(Sophia)编:《中国文化论丛》(*Symposium on Chinese Cul-*

① 为译音。——译者

ture)。由太平洋关系学会中国委员会发行。中国,上海,1931 年。

A. W. 赫梅尔(Hummel):"古史辨",第 1 卷,《中国科学与艺术》(*China Journal of Science and Arts*)第 5 卷第 5 期,1926 年 11 月。

A. W. 赫梅尔(Hummel):"中国历史学家对本国历史的贡献"("What Chinese Historians are doing in Their Own History"),《美国历史评论》(*The American Historical Review*)第 34 卷第 4 期,1929 年 7 月。

K. S. 拉图雷特(Latourette):《中国人:他们的历史和文化》(*The Chinese: Their Hirtory and Culture*),2 卷,纽约,麦克米伦公司 1934 年版。有很详细的历史文献书目。

李济:《中国人的起源:人类学探讨》(*Formation of the Chinese People:An Anthropological Inquiry*),坎布里奇①,哈佛大学出版社 1928 年版,283 页。

M. 科金(Kokin):《"井田",古代中国的农业组织》("*Ching-t'ien*", *the Agrarian System of Ancient China*)。原书为俄文,由金济以《中国古代社会》为书名译成中文。上海,黎明书局,1933 年。有一篇由 L. 马德亚尔(Madyar)撰写的长而有价值的序言。本书包括有这方面广为搜集的原始资料和作者的非常有趣的讨论。

L. 马德亚尔(Madyar):《中国农业经济》(中文)(*The Agricultural Economy of China*)。由 T. C. 陈(Chen)和 K. C. 彭(Peng)由俄文译成,上海,莫斯科,1928 年初版;中文翻译,1930 年,583 页。是一很有启发性的科学研究。

长野朗:《中国土地制度的研究》(*Studies of the Chinese Land System*)。原书为日文。由鲁波以《中国土地研究》为书名译成中文。上海,新生命书店 1933 年版,406 页。

K. 拉狄克(Radek):《中国历史的理论分析》(*Theoretica Analysis of Chinese History*)。由克仁以《中国历史理论的研究》为书名自俄文译成中文。上海,辛垦书店,256 页。

萨哈罗夫(Safarov):《中国社会发展史》(*History of the Development of Chinese Society*)。原书为俄文。由李立仁以《中国社会发展史》为书名译成中文。上海,新生命书店 1932 年版,560 页。

K. A. 威特福格尔(Wittfogel):《中国的经济与社会;亚洲农业学会科学分析报告》(*Wirtschaft und Gesellschaft Chinas; Versuch der wissenschaftlichen An-*

① 美国城市,旧译为剑桥。——译者

alyse einer grossen asiatichen Agrargesellschaft)，莱比锡，C. L. 赫希菲尔德，1931 年。

五、其他参考书

1. 中文类

梁启超：《饮冰室文集》，上海，中华书局 1926 年版。

王祯：《农书》，10 册，元代书籍。初版时间为 1314 年，此为 1617 年版。是一部关于农业技术方面很有趣味的书，有图解。

2. 西文类

J. L. 巴克(Buck)：《中国农业经济》(*Chinese Farm Economy*)，上海，商务印书馆 1930 年版。(为南京大学与太平洋关系学会中国委员会发行。)

B. B. 巴克利(Buckley)：《印度和埃及的灌溉工程》(*Irrigation Works in India and Egypt*)，伦敦，(E. S. F. N. Spon)，河滨路 125 号，1893 年，348 页。

F. H. 金(King)：《中国、朝鲜和日本四十个世纪的农民，或持久的农业》(*Farmers of Forty Centuries, or Permanent Agriculture in China, Korea and Japan*)。麦迪逊，威斯康星，F. H. 金夫人，1911 年插图。

W. H. 马洛里(Mallory)：《中国，荒地》(*China, Land of Famine*)，纽约，美国地理学会，1926 年，151 页。

K. 马克思："《不列颠在印度的统治》"("*The British Rule in India*")，《纽约民友日报》(*New York Daily Tribune*)，1853 年 6 月 25 号，第 5 页。

L. 梅契尼柯夫(Metchnikoff)：《大江大河的历史》(*Les Grands Fleuves Historiques*)，巴黎(Hachette)，1889 年，369 页。第 11 章(第 320—363 页)"黄河与长江"。

V. C. 希姆柯维奇(Simkhovitch)：《关于耶稣及其他历史小品的研究》(*Toward the Understanding of Jesus and other Historical Essays*)，纽约，麦克米伦公司 1926 年版，165 页。注意"再论罗马的衰落"("Rome's Fall Reconsidered")一文。

A. D. 史密斯(Smith)：《意大利式的灌溉：一份向东印度公司的董事会呈报的关于皮埃蒙特和伦巴第农业渠道的报告》(*Italian Irrigation: A Report on the Agricultural Canals of Piedmont and Lombardy, Addressed to the Hon-*

ourable the Court of Directors of the East India Company)。第 1 卷为历史的和记述的内容,第 2 卷为现实的内容。伦敦,W. H. 艾伦(Allen)及公司 1852 年版,434 页。

L. F. 弗农—哈考特(Vernon-Harcourt):《河流与渠道:河流的泛滥、控制和发展,与渠道的设计、建造和发展,——为着航运与灌溉》(*Rivers and Canals: Flow, Control and Development of Rivers and the Design, Construction and Development of Canals, both for Navigation and Irrigation*),2 卷,牛津,格拉伦登出版社 1896 年版,705 页。

M. 韦伯(Weber):《经济通史》(*General Economic History*),由 F. H. 奈特(Knight)翻译,伦敦,乔治·艾伦和昂温有限公司 1927 年版,401 页。

索　　引

前面详尽列出的目录可作为标题索引，此处只列专有名词索引。①

二—三画

四画

① 原文索引按英文字母顺序排列，现按中文笔划顺序排列。——译者

五画

六画

七画

八画

九画

十画

十一画

十二画

十三画

十四画

十五画

十六画以上

独到的思维　传奇的专著

朱诗鳌

(一)

冀朝鼎(1903—1963),山西汾阳人。著名经济学家、卓越的国际活动家、开展民间外交工作的杰出领导人,在国际上享有很高声誉。

他少年时勤奋好学。1916 年考入北京清华学校,参加过北京“五四”学生爱国运动,在之后的“六三”大宣传中曾被捕。1924 年秋毕业后赴美国留学,在芝加哥大学读历史学。1927 年在美国加入中国共产党。1928 年在莫斯科中山大学学习,1929 年被派到美国,在美国共产党中国局工作。前后在美国 17 年,曾获得芝加哥大学法学博士学位及获得哥伦比亚大学经济学博士学位。

冀朝鼎先生于 1941 年回国。曾任中央银行经济研究处处长等职,并兼任圣约翰大学、暨南大学商学院教授。抗日战争胜利后任中央银行稽核处处长。1948 年在北平任“华北剿总”经济处处长,曾数次与傅作义商谈和平解决北平的问题。1949 年中华人民共和国成立后,历任中国国际贸易促进会副主席兼中国人民银行副董事长、中国拉丁美洲友好协会副会长等职，被誉为“中国最干练的经济学家”。1951 年曾应邀赴英国剑桥大学讲学，是代表新中国赴英国讲学的第一位学者。

冀朝鼎先生为我国的解放事业和新中国的建设事业做出了卓越贡献，可谓鞠躬尽瘁。他学识渊博，智慧过人，还被称为我们党的“三通”干部，因为他是英文通、美国通、国民党通。①

然而，人们一般只知晓他充满传奇色彩的革命生涯，却不一定知晓他还著有充满传奇色彩的学术著作——《中国历史上的基本经济区》（以下简称《冀书》）。

这一著作，是冀朝鼎先生在哥伦比亚大学取得经济学博士学位的毕业论文。他在美留学期间攻读博士学位时，用了数年时间在美国国会图书馆博览中外群书，特别是阅读了浩如烟海的中国水利史料，其中包括中国特有的地方志资料。在对这些原始资料进行悉心分析研究之后，得出水利对中国历史的重要性的结论，最后开拓性地提出了“基本经济区”这一重要概念，并写出了题目为 *Key economic areas in Chinese history as revealed in the development of public works for water-control*（中国历史上的基本经济区与水利事业的发展）的博士论文。他因这一杰出论文获得哥伦比亚大学经济学博士学位。1936 年这一用英文写成的博士论文以专著形式在英国伦敦出版。

① 以上内容引自[1]“冀朝铸与冀朝鼎”，《文汇报》，1988 年 3 月 27 日，第 4 版；[2]唐纪明：“生命不息，战斗不止——冀朝鼎传”，《北京文史资料》第五十三辑，北京出版社 1996 年版；[3]曾俊伟：“冀朝鼎学长传奇的革命生涯”，清华校友网，2004 年 10 月 9 日等文献。

(二)

《冀书》为研究中国历史、中国经济史和中国水利史提供了新的视角。

本书开宗明义地引用了我国古文献中的一段话:“兴水利,而后有农功;有农功,而后裕国。”这段话深刻地揭示了水利事业与农业生产和国家经济之间的密切联系。要发展基本经济区,同样要依赖水利事业。

冀朝鼎先生在该书的“序言”中写道:基本经济区这一重要概念,“对了解中国经济史是大有裨益的。通过对灌溉与防洪工程以及运渠建设的历史研究,去探求基本经济区的发展,就能看出基本经济区作为控制附属地区的一种工具和作为政治斗争的一种武器所起到的作用,就能阐明基本经济区是如何转移的,就能揭示基本经济区同中国历史上统一与分裂问题的重要关系,因而也就在这一研究的基础上,对中国经济发展史中的一个方面,给予了一种具体的同时又具有历史表述的分析。”鉴于基本经济区对于国家经济的发展、对附属地区的控制乃至对政治斗争都具有重要意义,中国历代封建王朝就必然不遗余力地发展基本经济区以维持其政权,并在基本经济区积极开发水利工程。“能否建立和维护基本经济区是历代封建王朝兴废存亡的关键。”①

“序言”还着重指出,基本经济区的概念是对水利史的原始资

① 萧立岩:《冀朝鼎著〈中国历史上的基本经济区与水利事业的发展〉评介》,《中国史研究》,1982 年第 4 期。

料进行分析研究的结果，它转而又可用来规定水利事业发展的进程。“一种概念就像一盏灯——一经点燃，就不会只照亮房间的一角，基本经济区的概念也必然会将其光辉投射到中国历史的每一个基本问题上。”

冀朝鼎先生独到的见解，不仅在20世纪30年代富有启发性，就是到了今天仍耐人寻味。对我们现在从事社会主义现代化建设，无疑有重要的参考价值。

（三）

冀朝鼎先生的英文版原著问世后，便受到国内外有关人士的极大关注。

国内经济史、水利史、历史地理等不同学术领域的学者对原著都给予了高度地关注与赞誉，不少学者发表过许多有关的论文或作过节译。“我国著名经济史学家梁方仲先生对此书就极为推崇”。[①] 在20世纪40年代，经济史学家李文治先生就曾翻译过此书部分内容。据我国著名经济史专家、武汉大学彭雨新教授介绍，同样在20世纪40年代，武汉大学亦有三位教授有过中译之举。南京农科所农业遗产研究室在20世纪60年代也曾有节译。

原著出版3年后，即1939年，被译成日文在东京出版。但日文版肆意篡改了原著中的“中国历史上各个时期基本经济区位置

① 纪辛：《〈中国历史上的基本经济区与水利事业的发展〉重印后记》，《近代中国（第二十辑）》，上海社会科学院出版社2010年版。

图”，公然将我国东北地区划到中国版图之外。1972 年，又被译成意大利文在都灵出版。

中国科学院外籍院士、“中国科学技术史巨擘”李约瑟，在其巨著 *Science and Civilisation in China* 的第 1 卷中，曾这样评价冀朝鼎先生的这本书：“这一著作，也许是迄今为止任何西文书籍中有关中国历史发展方面的最卓越的著作。”他还说，如果没有这一著作以及郑肇经《中国水利史》两书作指导，要想写就他的上述著作中的“水利工程”那一部分内容是不可能的。

李约瑟院士与冀朝鼎先生有着不解之缘。李约瑟上述著作的扉页上有一行笔力遒劲的中文题字“中国科学技术史”，这行字就是冀朝鼎先生题写的。这一题字后来就成了李约瑟著作中译本的书名《中国科学技术史》，而未用原著书名的中文直译《中国科学与文明》。

(四)

在 20 世纪 70 年代后期，笔者在编写《中国水利史稿》一书时，有机会在有关刊物上阅读了冀朝鼎先生这一著作的中文节译文章，获益匪浅。后来，又从北京图书馆借来原著阅读。出于对原著热爱之情，笔者利用一个暑假时间，在“火炉”武汉，日以继夜地工作，将原著全文译成了中文。中译稿承蒙中国社会科学出版社的鼎力支持，1981 年由该社出版，书名为《中国历史上的基本经济区与水利事业的发展》。商务印书馆这次再版此书时，将书名改为《中国历史上的基本经济区》。